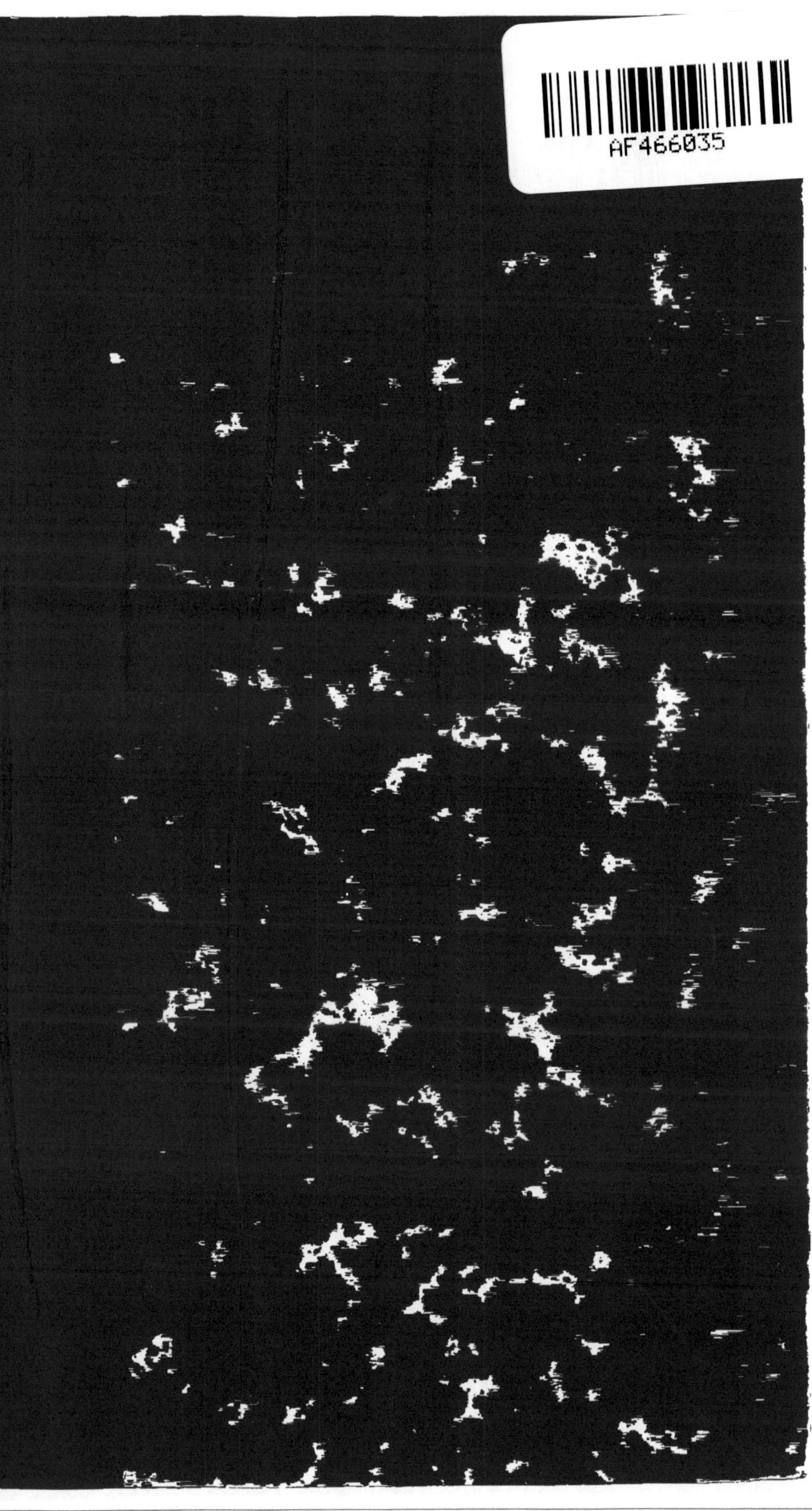

VIE DE SAINT DENYS

L'ARÉOPAGITE.

VIE

DE

SAINT DENYS

L'ARÉOPAGITE

ÉVÊQUE D'ATHÈNES, APÔTRE DES FRANÇAIS, ÉVÊQUE DE PARIS
ET MARTYR

PAR LE R. P. P. HALLOIX
De la Société de Jésus

TRADUITE EN FRANÇAIS PAR M. L'ABBÉ F....

ET REVUE

PAR M. L'ABBÉ E. VAN DRIVAL
Chanoine d'Arras.

ARRAS
H. SCHOUTHEER, IMPRIMEUR-ÉDITEUR
ET CHEZ LES PRINCIPAUX LIBRAIRES DE FRANCE
ET DE L'ÉTRANGER.

1865

La vie et les ouvrages de saint Denys ont été dans ces derniers temps l'objet de bien des travaux. L'authenticité de ces admirables ouvrages qui étaient le manuel des Théologiens du Moyen-Age et la source pleine de vie à laquelle ils puisaient, a été démontrée par Mgr Darboy, alors professeur au Séminaire de Langres, et aujourd'hui Archevêque de Paris. Une traduction de ces ouvrages, publiée en même temps et par le même auteur, a déjà rendu à ces profonds traités sortis de la plume du disciple de saint Paul, une partie de la popularité dont ils jouissaient il y a quelques siècles.

L'aréopagitisme de saint Denys de Paris a été soutenu avec beaucoup de talent et à l'aide d'une série étonnante de preuves, par MM. Faillon, de la société de St-Sulpice, Arbellot, dans ses longs et intéressants travaux sur St-Martial de Limoges, et un grand nombre d'autres auteurs de vies particulières des Saints des premiers siècles, et ces dissertations et ces travaux ont été résumés et rassemblés dernièrement en un seul cadre par M. Darras.

Cependant il manquait encore une vie proprement dite de saint Denys : au moins cette vie, écrite en latin au XVIIe siècle et publiée à la suite des œuvres du Saint, était comme inédite pour la grande majorité des lecteurs.

On a pensé qu'une traduction de cette vie ne serait pas sans utilité pour le public, et que même elle viendrait à son heure, après tous les travaux qui ont paru dans le même ordre d'idées depuis quelques années. L'auteur de cette vie, le Père Halloix, Jésuite bien connu, né à Liège en 1572 et mort en 1656, possédait les langues savantes, était versé dans l'histoire ecclésiastique et joignait à cette science toutes les vertus qui font le vrai religieux. Il a publié une *Anthologia poetica græco-latina*, Douai, 1617; deux volumes in-folio intitulés: *Illustrium Ecclesiæ orientalis scriptorum qui sanctitate et eruditione floruerunt*, Douai, 1633 et 1636, ouvrage plein d'érudition, où se trouve la vie de saint Denys dont nous donnons aujourd'hui la traduction. Plusieurs vies des Saints qui se lisent dans cet ouvrage ont aussi été publiées dans le recueil des Bollandistes. Enfin il a publié à Liège, en 1648, un autre volume in-folio sous le titre de *Origenes defensus*.

Le P. Halloix a joint à sa vie de saint Denys un fort grand nombre de notes. On n'en a donné que quelques-unes, parce que la publication de ces documents précieux eût fait double emploi avec tout ce qui a été inséré depuis quelques années dans les ouvrages cités plus haut. Elle eût considérablement étendu cette vie de saint Denys, à laquelle elle aurait ôté une partie de son caractère de lecture pieuse et édifiante, en coupant continuellement le récit par des dissertations qui se trouvent ailleurs. C'est donc la vie de saint Denys par le Père Halloix, c'est-à-dire une œuvre du XVIIe siècle, qui est ici présentée aux lecteurs: ce n'est point une œuvre nouvelle, mais bien un travail sorti de la plume d'un savant connu, estimé, et dont on entendra avec plaisir la voix toute pénétrante de pieuse onction et de conviction à la fois ardente et calme.

PRÉFACE

Si, entre les vies les plus remarquables des saints Pères, on doit mettre au premier rang celles qui, avec l'autorité acquise de l'ancienneté, nous offrent encore plus de merveilles, dans les sciences, les travaux, les voyages, ou dans les miracles et les prodiges, personne n'ignore quel rang doit occuper une vie qui nous met sous les yeux et nous fait connaître à fond Denys l'Aréopagite. Voici, en effet, un homme contemporain des Apôtres, versé dans les sciences sacrées et profanes; un homme qui, parti de Grèce pour visiter l'Égypte, revint d'Égypte en Grèce, et partit de ce dernier royaume pour aller, en compagnie de Paul, le grand Apôtre, le vase d'élection, parcourir toutes les parties de l'univers et, en dernier lieu, l'Asie, l'Italie, la Gaule et l'Espagne; un homme, dis-je, qui déserta les honneurs souverains de l'Aréopage, pour embrasser l'humble condition de disciple de la loi chrétienne;

qui de ce rang obscur de disciple, s'éleva au glorieux rang de docteur de l'univers, d'apôtre insigne des Gaules, d'intrépide et généreux martyr du Christ, et s'acquit, pendant sa vie comme après sa mort, par ses œuvres étonnantes et par ses miracles, une gloire impérissable. C'est toute la suite de cette vie admirable que je vais entreprendre d'exposer, après avoir recherché avec le plus grand soin tout ce qui m'a paru devoir la rendre plus entière et plus exacte, et après avoir surtout (selon qu'il nous l'a souvent recommandé de faire au commencement de toute chose) (1), imploré l'assistance de Dieu infiniment bon et infiniment puissant.

(1) Saint Denys, au livre des Noms divins, chap. III.

CHAPITRE Ier

SA NAISSANCE. — SA PATRIE. — SON ENFANCE. SES ÉTUDES

Denys naquit à Athènes (1), la plus célèbre des villes de la Grèce, vers la neuvième année de l'ère chrétienne (2), et la cinquantième de l'empire d'Auguste. Il descendait de parents aussi illustres

(1) Entre les écrivains qui illustrèrent les églises orientales, il y en eut trois du nom de Denys : celui dont nous écrivons la vie, ou l'Aréopagite, Denys de Corinthe et Denys d'Alexandrie. Ce dernier florissait au IIIe siècle de l'ère chrétienne ; Denys de Corinthe, au second, et Denys l'Aréopagite, au premier. Au rapport de saint Maxime, dans ses Scholies sur les œuvres de saint Denys l'Aréopagite, saint Denys de Corinthe a fait mention de lui, ainsi que saint Polycarpe, dans sa lettre aux Athéniens. Denys de Corinthe et Denys l'Aréopagite ne sont donc pas une seule et même personne, comme quelques-uns l'ont pensé.

(2) Ceci résulte de la lettre de saint Denys à Apollophane, lettre dans laquelle il dit lui-même qu'il avait 25 ans lors de l'éclipse de soleil qui marqua la mort de notre divin Sauveur. Le texte grec de cette lettre existait encore en 876, lorsqu'elle fut traduite en latin par Scot Erigène. Saint Maxime, annotant la lettre dixième de saint Denys, lui donne aussi 25 ans à l'époque de la mort de Notre-Seigneur Jésus-Christ.

par la vertu que par la naissance, et qui, vivant au sein de la gentilité, avaient su en subir les lois, sans en partager les mœurs corrompues.

Dans son enfance, Denys se livra à l'étude des arts libéraux, ou dans la maison paternelle, ou dans les écoles de sa ville natale, qui en était alors et la reine et la mère. Il y acquit des connaissances distinguées avec lesquelles il résolut de se produire hors de sa patrie. Dans ce but, il alla, sous le règne de Tibère Néron (1), se fixer en Égypte, qui était alors la maîtresse unique et fort renommée d'une science mystérieuse et sacrée.

C'était dans le double but de s'y mettre en rapport avec les célèbres philosophes de ce pays, et d'arracher encore aux sciences secrètes quelques nouvelles connaissances qui pussent former en quelque sorte un complément sacré à celles qu'il avait acquises en son pays. On sait, en effet, que c'était un usage reçu pour les plus fameux esprits, qu'après avoir étudié ailleurs les autres sciences, ils se rendissent en Égypte pour y acquérir la science des choses célestes, des mystères sacrés et de leurs rites : ce qui servait pour ainsi dire de couronnement à toute espèce de savoir (2). Ainsi avaient fait,

(1) Suidas et Pachymère disent la même chose.

(2) Les témoignages abondent pour prouver ce fait bien connu. On peut consulter à ce sujet Cicéron, Diogène-Laerce, Valère-Maxime, Philostrate, saint Justin, Clément d'Alexandrie, etc.

selon ce qu'en disent beaucoup d'auteurs, Pythagore, Thalès de Milet, Platon, Eudoxe et plusieurs autres philosophes de grand mérite. On montrait même encore, à Héliopolis, à l'époque où Denis s'y rendit (1), les demeures des prêtres, c'est-à-dire des sages de l'Égypte, et les lieux où s'étaient fixés Platon, Eudoxe et les autres personnages de grand renom. Si l'on en croit de très-doctes auteurs, ces prêtres ou prophètes d'Égypte (car c'est ainsi que les Égyptiens appelaient ordinairement leurs sages, de même que les Perses les appellent mages, les Assyriens, chaldéens, les Gaulois, druides, et les Indiens, gymnosophistes), avaient reçu leurs connaissances astrologiques du patriarche Abraham lui-même, qui avait autrefois résidé dans cette même ville d'Héliopolis.

(1) Strabon raconte, au livre XVIIe de sa Géographie, qu'il a vu lui-même les demeures dont il est ici question, et il était contemporain de saint Denys. — Quant à ce qui est dit plus bas des connaissances communiquées par Abraham aux Égyptiens, l'auteur de cette vie va en cela beaucoup trop loin. Abraham put exercer une influence heureuse sur quelques prêtres de l'Égypte et les détourner de l'idolâtrie, si toutefois ils y étaient déjà plongés, ce qui est au moins douteux, si nous lisons attentivement ce que la Genèse nous dit du roi de l'Égypte d'alors et de sa crainte *de Dieu*, mais Abraham n'eut point à communiquer aux Égyptiens une science qu'ils possédaient depuis longtemps, et que plus tard ils communiquèrent même à Moïse, ainsi que nous le dit l'Écriture-Sainte, au livre des Actes des Apôtres.

C'est donc en cet endroit que le jeune Denys vint se livrer au genre d'études dont nous avons parlé; mais aucun monument historique, de ma connaissance, n'indique combien de temps il y demeura précisément. Ce qu'il y a de certain, c'est qu'il y était encore lorsque le Christ, Sauveur du monde, était attaché à une croix près de Jérusalem pour le salut de tout le genre humain, et qu'une éclipse extraordinaire de soleil jetait l'épouvante dans l'univers. Nous en avons la preuve dans les lettres mêmes de saint Denys à saint Polycarpe, évêque de Smyrne. Ces lettres sont parvenues jusqu'à nous et sont encore aujourd'hui entre les mains de tous les Docteurs. A cette époque, Denys avait environ vingt-cinq ans et il vivait avec Apollophane le sophiste (1), du même âge que lui, à Héliopolis, qui était, comme nous l'avons fait entendre tout-à-l'heure, la ville d'Égypte la plus

(1) Cet Apollophane fut le maître de Polémon de Laodicée, et Polémon eut pour disciple le philosophe Aristide, qui adressa une apologie pour les chrétiens à l'empereur Adrien. Eusèbe parle de ce dernier au IVe livre de son Histoire, chap. III, et saint Jérôme dans son Catalogue. Suidas a dit d'Apollophane : « Avec Denys était Apollophane, ce sage que Polémon de Laodicée, maître d'Aristide, entendit à Smyrne. » Les relations entre Apollophane et saint Polycarpe, évêque de Smyrne, s'expliquent facilement. Il y a deux lettres de saint Denys sur la conversion d'Apollophane, une à saint Polycarpe, l'autre à Apollophane devenu chrétien. Il existe un document qui semblerait insinuer qu'Apollophane et Denys étaient non-seulement compagnons d'étude, mais encore parents.

renommée, parce qu'elle était le rendez-vous des sages. Lors donc de l'apparition de l'éclipse (1), ils furent frappés l'un et l'autre d'un grand étonnement, et ne pouvaient s'expliquer ce que signifiait ni ce que présageait ce soleil dérobant tout-à-coup sa lumière à une époque inaccoutumée et contrairement aux lois de la nature, ni ces ténèbres obscurcissant le ciel d'une manière tout-à-fait nouvelle, et dont la durée n'était pas moins étrange que l'épaisseur extrême (car, selon les divines Écritures, elles durèrent trois heures entières, depuis la sixième heure du jour jusqu'à la neuvième). Ils résolurent alors, pour mieux examiner et distinguer avec plus d'exactitude la jonction et la séparation des deux astres, de recourir à la règle astronomique de Philippe Aridée, et de contempler à loisir avec une attention scrupuleuse, ce concours inouï de la lune avec le soleil. Ils se convainquirent alors par leurs observations que dans le cours ordinaire de la nature, le soleil à ce moment ne pouvait s'éclipser, et de plus, ayant remarqué que la lune, qui d'ordinaire commençait à voiler le soleil par sa partie occidentale, avait cette fois au contraire, fait son mouvement sur lui d'Orient en Occident, en étendant comme un voile noir devant sa face avec lequel elle couvrait ainsi de son ombre l'auteur et la source de la lumière jusqu'à la dernière ligne de son orbite,

(1) L'éclipse dont parlent trois des Evangélistes dans leur récit de la passion du Sauveur.

puis finissait par se retirer totalement et tout-à-coup, Denys, à cette vue, ne pouvant contenir ses sentiments intérieurs de surprise, se tourne vers son ami; « Qu'est-ce que tout ceci, ô Apollophane, s'écrie-t-il, et que signifient tous ces prodiges? » — Apollophane subissant en quelque sorte l'inspiration divine, lui répond : « Tout cela, mon cher Denys (1), est un dérangement des choses établies de Dieu. » Et alors on rapporte que Denys lui-même, doué d'un instinct plus particulier des choses célestes, ou bien encore, comme le dit Michel Syngèle, éclairé par une antique tradition transmise des pères aux enfants, ne put s'empêcher de dire (2) : « Un Dieu inconnu souffre dans son corps, et c'est à cause de lui que tout cet univers est ébranlé. » Ou bien encore, selon quelques-uns, il dit avec autant d'élégance que de concision : « Ou bien Dieu souffre, ou il compatit aux souffrances d'un autre. » Enfin ce même Denys prit note le plus exactement possible de l'année, du jour, de l'heure

(1) Mgr Darboy, dans sa traduction des œuvres de saint Denys, rend ainsi ce passage : .....« En ce moment, Apollophane fut saisi de je ne sais quel sens prophétique, et comme s'il eût conjecturé ce qui se passait : O mon ami, dit-il, il y a une révolution dans les choses divines! » Pachymère a également pris le mot grec ἀμοιβαι dans le sens généralement adopté de μεταβολαι, changement, dérangement, révolution.

(2) Le Bréviaire romain a consacré cette tradition et mentionné, sous cette forme, l'exclamation de saint Denys : « *Aut Deus naturæ patitur, aut mundi machina dissolvitur.* »

de cette obscurité, de cette défection inouïe de la lumière, et prit la résolution de bien s'enquérir si par hasard on n'eût pu, dans les écrits ou dans les traditions orales, découvrir l'explication de ce phénomène. C'est ce qu'il obtint bientôt, à Athènes même, dans son entrevue avec l'apôtre saint Paul, qui lui fit une fidèle relation du fait et lui en donna la solution, au grand avantage de la foi du philosophe.

Qu'on nous permette ici, à l'occasion de cette éclipse étonnante et des observations astronomiques auxquelles elle a donné lieu, de contempler quelque peu les desseins admirables de la sagesse éternelle; qu'on nous permette de diriger et d'appliquer sur la puissance comme sur la bonté de notre Dieu qui a créé et qui gouverne ainsi toutes choses, toutes les puissances de notre esprit et toutes les affections de notre cœur. Il est consolant, en effet, pour la foi, de considérer cette action toute-puissante de Dieu sur le monde, son ouvrage, par laquelle, comme dit le Sage, il atteint à ses fins avec autant de force qu'il a mis de douceur dans ses moyens. Avec quelle force aussi ne touche-t-il pas ici le cœur des Juifs et des Gentils, et avec quelle douceur ne dispose-t-il pas pour les uns comme pour les autres un commun moyen de salut. Oubliant l'outrage du juif déicide, et ne se souvenant que de sa charité infinie, il lui donne, selon qu'il le lui avait toujours demandé, un prodige insigne venant du ciel et s'accomplissant dans le ciel. D'un autre côté, il vient en aide à la foi des Gentils, des étrangers éloignés ou rapprochés du théâtre de l'évènement; il éclaire tout particulièrement Denys et Apollophane par un miracle qui tient aux choses de leur goût, à l'objet de leurs études: faisant de toutes ces circonstances comme un charme pour se les attacher et les gagner. Ainsi dans le cas présent, il donne à ceux qui étudient l'astronomie, un prodige dans les astres.

Pendant que ces deux sages regardent le ciel, considèrent les astres et cette défection inouïe de la lumière, Dieu touche leurs cœurs, y répand les premières semences de la loi nouvelle et de la foi chrétienne, semences qui produiront des fruits dans leur temps comme on le verra plus tard. C'est ainsi qu'autrefois, pendant que les trois mages étaient à considérer le ciel et les étoiles, il leur en apparut une d'une grandeur prodigieuse et tout-à-fait extraordinaire, qui les amena avec autant de force que de douceur, à chercher le nouveau roi, à lui offrir des présents en rapport avec sa nature et sa dignité, et à lui rendre les honneurs dûs à sa naissance incomparable. C'est ainsi encore que plus tard, voulant amener des pêcheurs de poissons à la pêche mystérieuse des âmes, et les arracher à la mer et à leurs filets pour les élever au gouvernement de l'Église, il se servit pour les attirer d'un simple terme de pêcheur.

Et de plus, lorsqu'il les eût gagnés, il ne se servit point de moyens plus doux et plus forts pour les retenir et leur faire croire à sa divinité, que de leur faire faire des pêches miraculeuses. Mais revenons à Denys et aussi à la manière dont il fut conquis à la foi.

A son retour d'Égypte dans sa patrie, il commença à être encore plus considéré de ses concitoyens, par la raison qu'outre la noblesse de son naturel, l'élévation de son esprit, l'éducation reçue dans son pays et la connaissance des arts qu'on y enseigne, il rapportait encore de l'étranger son nouveau trésor de connaissances. On comprend alors qu'il fut facile au jeune Denys, en raison de sa naissance, de son savoir et de ses bonnes mœurs, de s'ouvrir un chemin aux premières dignités de la magistrature.

C'est pourquoi, après avoir contracté une alliance digne à la fois de sa naissance et de son nom (il avait une double raison de faire ce mariage, tant parce qu'il était dans l'âge que par rapport à la dignité qu'il briguait, et qui, vu les mœurs du temps, ne lui eût peut être pas été accordée en dehors du mariage); après s'être uni à une femme d'illustre famille, nommée Damaris (1), il s'attacha à observer si scrupuleusement les lois du mariage et à se con-

(1) C'est dans ce sens que saint Jean Chrysostôme, saint Ambroise et tous les anciens auteurs qui ont parlé de saint Denys, entendent le mot γυνη du récit des Actes des Apôtres, relatif à saint Denys. Le P. Halloix a fort bien éclairci ce point dans sa note (14) sur ce passage.

duire dans ce nouveau genre de vie avec tant de sagesse et de prudence, qu'il ne donna jamais prise à ses ennemis pour lui créer aucun obstacle à ses desseins.

Il fut donc mis au nombre des archontes (c'était un conseil composé de neuf membres), après avoir toutefois préalablement démontré, selon l'urgence des lois du pays, la parfaite intégrité de sa vie. Ayant ensuite rendu compte, selon la coutume, de sa gestion en qualité d'archonte, et prouvé dans un jugement public qu'ils appellent δοκιμασίαν, *épreuve, censure*, qu'il s'était bien acquitté de son devoir et qu'il restait à l'abri de tout reproche d'avarice ou d'injustice, il entra sans faute comme sans remords, dans l'auguste sénat de l'Aréopage, ce qui était le plus éminent degré de dignité dans la ville.

Et encore n'y occupa-t-il point la dernière place, car lorsque saint Paul fut conduit dans cette assemblée pour y rendre compte de sa doctrine, les écrivains grecs se plaisent à mettre Denys parmi les chefs et à la tête même de l'Aréopage. Michel Syngèle, après avoir fait d'Athènes un magnifique éloge, et l'avoir appelée, comme elle le méritait alors, l'ornement de la Grèce, l'asile des philosophes, le gymnase et l'arène des orateurs, ajoute ce qui suit sur Denys : « C'est « de cette Athènes, dit-il, qu'est sorti Denys, son « plus illustre chef et le prince des juges de l'Aréo- « page, juges dont les historiens grecs Androtion et

« Philocorus ont décrit au long la noble extraction « et la vie éclatante; d'où il est facile de conclure la « position élevée, l'honneur et la gloire dont jouis- « saient les ancêtres de Denys auprès de leurs conci- « toyens. Car, chez un peuple noble et fier comme « les Athéniens, il n'y avait point évidemment de che- « min frayé aux honneurs, si ce n'est pour celui qui « présentait ses titres : le savoir, la prudence, l'é- « quité, le courage, la tempérance et avec tout cela « l'éclat de la naissance. »

Denys fut donc membre de ce conseil, de ce sénat auguste, qui d'après la constitution que lui avait donnée Solon, devait être le censeur des mœurs, le soutien des lois, le gardien de la religion et de ses cérémonies, le juge et l'arbitre des causes les plus graves de l'état; il fut de ce sénat auquel les nations étrangères et les Romains eux-mêmes, tout vains qu'ils étaient d'une supériorité prétendue de sagesse et de générosité, soumettaient les procès les plus difficiles et les cas les plus embarrassants. Quant au rôle que joua Denys dans cette assemblée d'élite, on peut facilement en comprendre la portée en faisant attention à la variété de ses connaissances, à son impartiale équité et à l'innocence de sa vie. Syngèle fait la même réflexion, et cet écrivain ne se contente pas de nous représenter Denys comme le plus éloquent orateur, il le proclame encore le plus habile philosophe, le plus clairvoyant des astronomes, le plus versé dans toutes les autres sciences; et ce qui est encore plus flatteur, il le dit le meilleur d'entre les bons et le plus équitable des juges.

Voilà quel fut Denys alors qu'il était encore attaché au culte des faux dieux ; nous allons voir ce qu'il deviendra dans la suite de sa vie.

CHAPITRE II

DENYS ABANDONNE LES ERREURS DU PAGANISME POUR EMBRASSER LA VRAIE FOI

Plusieurs années après l'éclipse de soleil dont nous venons de parler (1), saint Paul, ayant parcouru l'univers entier avec la rapidité de l'éclair et du tonnerre, et ayant édifié par l'éclat de sa vie et la sainteté de sa doctrine tous les rivages de la Grèce, s'en vint dans le même but à Athènes : Athènes, ville souillée, s'il en fut jamais, par toute sorte de superstitions qui l'avaient rendue tristement célèbre; ville infiniment coupable par l'encens qu'elle prodiguait non-seulement aux fausses divinités connues, mais encore à des dieux qu'elle imaginait; ville dont les arts, les sciences et les sectes, qui y pullulaient, avaient fait en quelque sorte le point central et exclusif de toute sagesse; ville enfin, où citoyens et

(1) C'est-à-dire l'an de Jésus-Christ 52 ou environ ; plusieurs, en effet, ont fixé la conversion de saint Denys à la onzième année après la passion de Notre-Seigneur.

étrangers (ce que saint Luc eut raison de remarquer) n'avaient affaire que de dire ou d'apprendre quelque chose de nouveau, c'est-à-dire, de semer des bruits publics ou de les recueillir. Aussi l'Apôtre, brûlant de répandre la parole divine (ce qui l'avait fait appeler dans la ville, *semeur de paroles, semini-verbius)*, vit toujours les curieux accourir en foule pour recueillir de sa bouche les mystères nouveaux et inouïs qu'il prêchait. Or, pendant que Paul annonçait ainsi en public, avec force et avec fermeté, comme partout ailleurs, l'évangile de Jésus-Christ, il advint par un heureux effet du hasard, et aussi de l'intervention divine, que Denys fut entièrement éclairé, selon son désir, sur cette étonnante éclipse de soleil, tant par les paroles mêmes de l'Apôtre, que par les écrits et discours d'autres personnages de l'école chrétienne. Paul parlait alors au peuple (1) sur la vie, la mort et la résurrection du Christ, son Seigneur, en face des Juifs, des Épicuriens, des Stoïciens, et des autres sectes, tantôt sur la place publique, tantôt dans les synagogues, publiquement ou à l'écart, selon que l'occasion lui en était donnée; et pendant qu'il annonçait ainsi avec liberté et fermeté le royaume de Dieu, quelques-uns de ceux qui l'écoutaient, mirent la main sur lui et le conduisirent devant l'Aréopage (c'était à ce tribunal qu'il appar-

(1) Comparez le chapitre XVIIe des Actes des Apôtres.

tenait de juger de la religion et des cérémonies religieuses). Ils l'accusaient d'être l'auteur d'une étrange superstition et de prêcher l'existence de génies ou démons inconnus. Bien qu'alors toutes ces contrées fussent soumises à la domination romaine, les Athéniens et les Lacédémoniens avaient pu conserver intacts, comme avant la conquête, leur administration judiciaire et leurs anciens droits. C'est ce qui fit que la cause de Paul était du ressort, non du prétoire romain, mais du tribunal des Athéniens dont nous parlons. Paul donc, au milieu de l'Aréopage, commença, avec cette assurance que donne la vérité, un discours vraiment céleste et parfaitement adapté à la circonstance et à son auditoire. Il prit pour point de départ les autels et les temples de la ville: car en passant au milieu d'Athènes, en visitant avec attention les lieux consacrés à la religion et les statues et images antiques des divinités, il avait rencontré un autel, entre-autres, avec cette inscription (1) : « *Au Dieu inconnu.* » Les Athéniens avaient appris en effet, et par les livres des anciens philosophes et poètes (2), et par les oracles des

(1) Plusieurs auteurs ont dit que cet autel avait été érigé dans le temps d'une grande peste et qu'il avait été le signal de la cessation subite du fléau. Lucien fait allusion à cet autel en deux endroits d'un de ses dialogues : Φιλοπατρις ἤ Διδασκομενος.

(2) Acmon, Mercure ou Hermès trismégiste, Philémon, Sophocle, Orphée, Pythagore et autres, cités par saint Justin dans son exhortation aux Gentils et ailleurs.

sybilles (1), qu'il existe un Dieu invisible, sans nom et ineffable, et dans la crainte de priver ce Dieu ou quelque grande divinité des honneurs qui lui étaient dûs, ils lui avaient érigé un autel sous ce titre.

C'est pourquoi saint Paul leur déclara qu'il venait leur annoncer ce Dieu qu'ils honoraient sans le connaître. Il s'appuya alors sur les témoignages de leurs poètes, dont ils faisaient grand cas, et aussi sur certaines doctrines récemment introduites dans le pays. Par ce moyen, il gagna le cœur d'une partie de ses auditeurs, en particulier celui de Denys, leur chef, qui se détermina avec beaucoup d'autres à embrasser la doctrine et la foi de l'Apôtre. Pour opérer ces conversions merveilleuses, le Docteur des nations n'eut pas besoin de recourir aux miracles (2) et aux prodiges, il lui suffit de ses discours pleins à la fois de science et de sagesse, et Denys ne l'eût pas plus tôt entendu parler qu'il se fit son disciple. Pour qu'on se fasse une idée de la sainte éloquence de l'Apôtre, il faut citer ses paroles : « Athéniens, leur disait-il (3), je vous vois, en

(1) Voyez sur ce sujet saint Théophile d'Antioche, livre second, vers le commencement.

(2) C'est ainsi que l'enseigne saint Jean Chrysostôme en plusieurs endroits de ses ouvrages, notamment dans l'une de ses homélies, où il fait l'éloge de saint Paul.

(3) Le texte de ce discours est au XVIIe chap. des Actes des Apôtres.

toutes choses, religieux presque jusqu'à l'excès. Car, passant, et voyant vos simulacres, j'ai trouvé même un autel où il était écrit: AU DIEU INCONNU. Or, ce que vous adorez sans le connaître, moi, je vous l'annonce.

« Le Dieu qui a fait le monde, et tout ce qui est dans le monde, ce Dieu, étant le Seigneur du ciel et de la terre, n'habite point en des temples faits de la main des hommes, et n'est point honoré par les ouvrages des mains des hommes, comme s'il avait besoin de quelque chose, puisqu'il donne lui même à tous la vie, la respiration et toutes choses.

« Il a fait que d'un seul toute la race des hommes, habite sur toute la face de la terre, déterminant le temps de leur durée et les limites de leur demeure; afin qu'ils cherchent Dieu, et s'efforcent de le trouver comme à tâtons, quoiqu'il ne soit pas loin de nous.

« Car c'est en lui que nous vivons, que nous nous mouvons et que nous sommes; comme quelques-uns mêmes de vos poètes l'ont dit: « car nous sommes même de sa race. (1) » Puisque donc nous sommes de la race de Dieu, nous ne devons pas estimer que

(1) Saint Paul fait ici allusion au poète Aratus qui a en effet ce vers dans un de ses poèmes intitulé : *Phenomena*. Thalès a exprimé la même pensée, et Cicéron la cite au second livre de son ouvrage *De Legibus*.

l'être divin soit semblable à de l'or ou à de l'argent, ou à de la pierre sculptée par l'art et l'industrie de l'homme. Mais, fermant les yeux sur les temps d'une telle ignorance, Dieu annonce maintenant aux hommes que tous, en tous lieux, fassent pénitence; parce qu'il a fixé un jour auquel il doit juger le monde en équité par l'homme qu'il a établi, comme il en a donné la preuve à tous en le ressuscitant d'entre les morts. »

Tel est l'abrégé du discours que saint Paul tint dans l'aréopage, pour la justification de sa foi et pour l'honneur de Jésus-Christ, et ses paroles si sages parurent à quelques-uns, (comme il n'arrive que trop souvent même à l'égard des meilleures choses,) ne mériter que risée et moquerie. Elles excitèrent chez d'autres l'étonnement et la surprise; chez d'autres enfin elles furent reçues avec respect et vénération. De ce nombre fut Denys le juge, sur l'âme duquel, comme sur cette terre très-bonne de l'évangile, tomba la graine précieuse de la sainte parole, pour s'y transformer en un arbre mystérieux de piété et de sainteté, sur lequel les oiseaux du ciel, c'est-à-dire, les Athéniens d'abord, puis les Francs et autres peuples convertis, vinrent abriter leurs nids. C'est en effet à cette époque, c'est-à-dire, vers la quarante-troisième (1) année de sa vie, que Denys,

(1) Saint Denys naquit neuf ans après Notre-Seigneur Jésus-Christ. On était alors à l'an 52 de l'ère chrétienne et à l'an X de

convaincu par les discours de l'apôtre, secondés aussi puissamment par le souvenir encore récent du phénomène, embrassa définitivement la vraie foi.

C'était là un grand prodige opéré par la merveilleuse efficacité de la grâce divine, on ne saurait le contester; toutefois, les principes de la secte philosophique dont Denys faisait partie, (il était platonicien), ne contribuèrent pas peu à sa conversion, attendu qu'ils présentaient moins d'obstacles à l'action de la grâce. En effet, les Epicuriens et les Cyniques plongés dans les plaisirs grossiers des sens et n'ayant d'autre but logique que de combattre tous les nobles instincts, se trouvaient par là dans un déplorable éloignement de la sagesse et de la modération des préceptes du christianisme. Les Platoniciens au contraire, surtout les plus savants, au nombre desquels Denys pouvait se glorifier de figurer, enseignaient nombre de préceptes en parfaite conformité avec la Loi divine. Ils croyaient particulièrement à l'immortalité de l'âme, au jugement, aux récompenses ou aux peines de l'autre vie, qui sont comme les dogmes principaux et constitutifs de la Religion.

Ces points, communs à la doctrine de Platon et à celle de Jésus-Christ, étaient comme autant de lieux-

l'empereur Claude. Il reste donc 43 pour l'âge de la conversion de saint Denys.

communs où les docteurs, les apôtres et Paul lui-même dans ces circonstances, puisaient leurs arguments pour jeter dans les âmes des Athéniens cette crainte salutaire qui est le commencement de la sagesse, et c'est là précisément le chemin qui conduisit Denys à la foi, comme l'attestent les actes des apôtres. En y cherchant, en effet, le discours que saint Paul tint dans l'Aréopage, et dont les dernières paroles font allusion au jugement et à la résurrection des morts, on lit ces réflexions de l'historien sacré : « Mais quand ils l'eurent ouï parler de la « résurrection des morts, quelques-uns en tirèrent « dérision ; et d'autres lui dirent : nous reviendrons « vous écouter sur ce sujet. Paul sortit ainsi de leur « assemblée. Il y en eut qui s'attachèrent à lui et « crurent à sa parole, et de ce nombre furent De- « nys l'Aréopagite, sa femme appelée Damaris avec « quelques autres. »

Ceux qui crurent ainsi à sa prédication étaient précisément ceux qui faisaient partie de la famille et de la maison de Denys ; qui avaient vu l'Apôtre dans la maison de l'Aréopagite, parler avec une sagesse incomparable sur la nouvelle doctrine de Jésus-Christ, sur le culte d'un seul vrai Dieu ; et qui l'avaient entendu, avec étonnement, répondre sur le champ et sans hésiter à toutes les objections.

On vit donc Denys, cet homme qui jouissait d'un nom et d'une réputation extraordinaires ; cet homme sur qui la science de la politique comme des arts libéraux, la naissance illustre, les richesses et les honneurs avaient rassemblé tous ces rayons de gloire qui captivent au plus haut degré les regards des mortels; on le vit, dis-je, renoncer à toute sa noblesse personnelle, en se mettant à la suite d'un étranger, pauvre, méprisé et moqué; et à sa brillante renommée scientifique, en se faisant l'humble disciple d'une doctrine nouvelle encore et sans renom. Nonobstant sa noblesse d'origine, il osa, sans honte comme sans regret, descendre, pour se justifier, dans les eaux salutaires du Baptême et se faire petit comme le nouveau-né, pour renaître en Jésus-Christ et apprendre les premiers éléments de la doctrine chrétienne, si peu conformes à la doctrine de l'Aréopage. Ah! c'est que la parole divine est si puissante, la grâce du Père de toutes choses est si entrainante, l'opération intérieure de l'Esprit-Saint qui ébranle la volonté et les puissances de l'âme, est si vive, qu'en un clin-d'œil on voit disparaître d'une âme l'odieuse cohorte des vices, et l'on y voit entrer avec la foi l'aimable cortège de toutes les vertus; de sorte que le même homme, qui naguère était plein d'amour-propre, orgueilleux, vain, fier, arrogant, querelleur, intempérant ou sujet à quelqu'autre faiblesse, deviendra soudain, grâce à la nouvelle Religion et aux eaux salutaires du Baptême, un homme absolument différent, exempt de ses anciens défauts, contempteur de soi, modeste, humble, pacifique, chaste, brillant du noble éclat des vertus, et entouré de l'affection générale. C'est là un changement merveilleux dont Denys n'a pas seul donné l'exemple, mais dont on trouve des traits nombreux dans la conversion des personnages d'autrefois et qu'on peut encore constater à loisir de nos jours dans la conversion des nations barbares, tant est grande, il faut le dire, sur les âmes fidèles, la puissance mystérieuse des premiers enseignements de la foi et du Baptême que confère l'Église. Et ces changements de mœurs aussi louables qu'étonnants. on les verrait, sans aucun doute, se reproduire après la réception du Sacrement de l'Eucharistie, (puisque ce Sacrement est encore plus saint et plus fécond en grâces), si l'on s'en approchait avec des dispositions semblables à celles qu'on apportait au saint Baptême. Or, le moyen d'obtenir ces dispositions serait d'imiter Denys et Hiérothée, qui ont appelé l'Eucharistie le Sacrement des Sacrements, en nous pénétrant intimement comme eux de l'excellence et de la dignité de ce Sacrement. Mais ne sortons pas de notre matière ; nous avons un objet plus pressant : il nous faut parler de la manière dont Denys s'enrôla sous la bannière de la foi chrétienne. Car, on pourrait peut-être nous demander si, lorsqu'on connut la désertion d'un semblable personnage, il ne se fit aucun mouvement, aucune agitation dans la ville ou dans l'Aréopage ; si personne ne lui fit un crime d'avoir abandonné ses dieux ; si enfin, se prévalant de ce qu'il se vouait à l'impiété, (car c'est ainsi qu'on qualifiait la religion nouvelle), on ne chercha point à lui faire aucun tort, à lui tendre quelque embûche ou à lancer contre lui les traits de la calomnie. Et dans le cas où Denys eût été en butte à ces diverses attaques et en eût glorieusement triomphé, certes, il doit en être loué et être proposé à l'imitation des autres. C'est donc là ce que nous allons traiter.

CHAPITRE III.

COURAGE ET FERMETÉ DE DENYS EN FACE DES CALOMNIATEURS DE SA FOI ET DE SA VIE.

Il arrive pour la vie des hommes en particulier, ce qui arrive pour les choses de ce monde en général : plus elles sont en évidence, plus elles sont le but des regards et l'objet des entretiens publics. Les actions d'un homme du peuple, qu'elles soient bonnes ou mauvaises, sont toujours condamnées au silence et à l'oubli ; mais, au contraire, s'il s'agit d'un homme élevé en grade, en dignité, toute sa vie, ses actions, ses paroles, sont le but de tous les regards, le thême vulgaire des conversations, la matière favorite pour les opinions diverses et les jugements et souvent encore le point de mire de tous les traits de la jalousie et de la calomnie. Or, Denys, avant de s'enrôler sous la bannière du Christianisme, siégeait dans l'Aréopage, c'est-à-dire qu'il était sur un théâtre élevé, exposé comme l'acteur qui joue le premier rôle, aux regards d'un public avide. Comme il était considéré de tout le monde, il était généralement observé de tous ; au point que, dans sa position brillante, aucune de ses paroles, aucune de ses actions, ne pouvait demeurer inconnue. C'est pourquoi, lorsque Paul, accusé de répandre dans la ville une superstition nouvelle, fut amené devant l'auguste assemblée de l'Aréopage et que Denys lui eût donné la parole, pour sa justification, l'assemblée entière ne fit pendant tout le discours que prêter l'oreille aux paroles de l'accusé ou porter ses regards sur Denys, et quand elle eut remarqué l'attention toute particulière que lui donnait le prince de l'Aréopage, on commença de s'en étonner, puis on le soupçonna ; et lorsqu'après le discours de l'Apôtre, on vit que non seulement Paul était libéré, mais que de plus (ce que plusieurs ont scrupuleusement remarqué), Denys l'avait invité, reçu avec honneur et distinction dans sa maison, alors il circula dans la ville un bruit que le peuple avide de pareilles nouvelles, s'empressa de recueillir et de propager. On se disait que le maître de l'Aréopage s'était laissé prendre aux paroles insidieuses d'un étranger, et que, au grand mépris des dieux et déesses de la nation, il s'attachait au culte du Dieu inconnu prêché par l'étranger. Ce bruit, vu qu'il était fondé, ne fit que s'accroître de jour en jour, au point que Denys ne voulait point en faire plus longtemps un mystère. Grand Dieu ! quel étonnement dans le public, que de disputes, de discussions, de traits de calomnie de la part de ceux qui le connaissaient comme de ceux qui

lui étaient étrangers, de la part de ses parents e
amis, de tous enfin, sans distinction de classe, d
rang ni de sexe. Partout, dans l'Aréopage, aux assem
blées, sur la place publique, il n'était plus questio
que de Denys. Car, à part ceux qui convoitaient s
place et sa dignité supérieure dans le Sénat, tous le
autres plaignaient la chûte (pour nous servir de leu
terme) si triste et si déplorable d'un homme de ta
de mérite, et ils regardaient cet abandon de Jupite
Mars, Minerve, Cérès et autres divinités, pour u
inconnu, comme une évidente punition de Ciel. -
Mais que ne firent pas d'un autre côté ses paren
et ses proches, lorsqu'ils le virent ainsi, obstiné da
ses convictions, renoncer aux honneurs et au no
qu'il s'était fait, abandonner l'Aréopage et le ra
qu'il y avait conquis ! Que ne firent-ils pas, que n
tentèrent-ils pas, à quelles ruses n'eurent-ils poi
recours afin d'ébranler ses résolutions ! de quell
exclamations ils l'accablaient : « Malheureux qu'av
« vous fait? Pourquoi cette monstruosité, où est c
« esprit élevé qui vous distinguait ? Quelle démen
« vous a fait fléchir dans vos voies ? » Vous, e
effet, Denys, êtes-vous sensé d'agir ainsi, n'êtes-vo
pas poussé par quelque mauvais génie ? Car, enfi
un trait de ce genre chez un homme d'ailleurs
éclairé, si prudent, si réfléchi, ne fait-il point pens
que vous êtes sous l'influence d'un prestige ou d'u
maléfice que quelque homme voué au mal vous au
causé ? Et ces dieux que toute l'antiquité a honoré

que vous-même jusqu'ici vous avez eu en grande vénération, dont vous avez prêché le culte, maintenant, par un changement inouï de résolution, vous les rejetez loin de vous ; maintenant vous enseignez qu'il faut les mépriser et les repousser comme on fait d'un breuvage perfide pour en prendre un autre. Et quel motif, de grâce, pour vous attacher à un séditieux, un criminel et un impie que ses concitoyens ont fait mourir d'une mort infâme pour ses crimes abominables (1)? Vous, il vous plaît de l'honorer et le révérer comme un Dieu. O l'odieuse et inexplicable démence! Voilà entre beaucoup d'autres de quels reproches on l'accablait, et lorsque l'illustre néophyte répondait avec sagesse et leur montrait par les raisons les plus fortes, tirées même de leurs livres les plus anciens, la fausseté des dieux du Paganisme, et l'irrésistible vérité d'un Dieu unique, il ne faisait, comme on dit vulgairement, que parler à des sourds. S'il parlait de Jésus-Christ, leur faisant voir, d'après saint Paul, sa parfaite innocence, sa mort volontaire pour tous les hommes, les prodiges dont cette mort fut suivie et dans lesquels il comptait le phénomène de l'éclipse dont le souvenir n'était point

(1) Ce reproche était fréquemment dans la bouche des payens, ainsi que l'exposent et le réfutent Arnobe, Minutius Félix, Lactance, saint Augustin ; il se présentait naturellement à l'esprit, et saint Paul en avait déjà parlé dans ce sens, quand il affectait d'appeler ce mystère la folie de la croix....... scandale pour les uns, folie pour les autres.

encore éteint ; ils ne faisaient point difficulté de récuser témérairement ces témoignages et de donner à tous ces prodiges une autre explication. Ils répliquaient, par exemple, que, si l'innocence alléguée de Jésus-Christ avait été si éclatante, jamais elle n'eût été flétrie par un jugement public; et que pour cette éclipse de soleil obscurcissant ainsi l'univers, il ne fallait point imputer la cause de ce fait à la mort de Jésus-Christ, mais bien à une autre raison quelconque, attendu qu'il arrive souvent dans le monde physique de semblables phénomènes dont il serait insensé de rechercher la cause quand les dieux veulent qu'elle demeure inconnue...En conséquence, ils le priaient et le conjuraient de réfléchir et de considérer ce qu'il faisait; qu'il mettait en jeu toute sa réputation et sa renommée; que ce changement de religion ne porterait pas préjudice seulement à lui-même, mais bien à toute la famille des Denys; qu'ainsi il eût pitié de lui-même et de ses proches et n'allât point par imprudence, témérité, folie et impiété compromettre toute sa maison, naguère encore si prospère, si opulente, entourée de tant de bonheur et de gloire et jusque-là toujours honorée de la considération publique; qu'il eût garde, en la privant de tous ces précieux avantages pour une superstition couverte du mépris public, de la plonger dans la honte et le déshonneur qu'elle n'a jamais connus. Il y en eut même qui lui firent entrevoir comme punition de son impiété, l'exil, les tortures, la mort et la fin de Socrate. Si, en effet, disaient-ils, on avait fait mourir Socrate, cet insigne philosophe, pour cela seul qu'il avait voulu introduire un Dieu unique et nouveau, mais au moins un Dieu souverain, exempt des faiblesses et misères de cette vie, comment ne devait-on pas traiter celui qui osait mettre au rang des dieux un patibulaire, (dans leur emportement ils ne ménageaient plus leurs expressions), un homme qui avait été suspendu entre deux larrons (1): car enfin, s'il n'était pas permis de croire qu'il se rencontrât un homme assez stupide, assez sot pour avoir foi en des faits si incroyables, que fallait-il penser en rencontrant cette étrange crédulité dans un savant de premier ordre, dans le prince de l'Aréopage? — C'est à peu près en ces termes qu'ils l'accusaient. Le nouvel athlète du Christ leur répondait avec autant de fermeté que de courage, et surtout avec une sagesse qu'il est beaucoup plus facile d'imaginer que de reproduire. Voici cependant en somme ce qu'il leur répliquait. L'ignorance et la crédulité en ont induit beaucoup en erreur sur la personne de Jésus-Christ: car on ne peut pas juger

(1) C'est toujours la grande raison alléguée plus haut et qui se présentait naturellement à l'esprit. Saint Denys va y répondre, comme après lui ont répondu les Pères que nous avons cités et bien d'autres apologistes de la Religion de Celui que Bossuet, a presque de nos jours, affecté d'appeler le *divin Pendu*, reprenant ainsi l'injure payenne et la transformant en un éloge sublime.

plus sûrememt du maître que par ses disciples; or ces disciples ont une vie et des mœurs si parfaites, qu'on ne peut y trouver à reprendre ni dissimulation, ni fausseté, ni hypocrisie; une doctrine si conforme à la saine philosophie et à la droite raison, qu'on ne peut rien trouver de supérieur; et il suffirait pour prouver son irrécusable vérité, il suffirait (1) du grand nombre de prodiges opérés en sa faveur, prodiges qui avaient pour but, non pas une vaine gloire humaine, mais la guérison, la vie et le salut des infirmes et des estropiés, des malades et des morts eux-mêmes. Quant à l'exil et à la mort dont on le menaçait, il répondait que, mourant pour une cause plus juste, il mourrait plus librement et plus volontairement encore que Socrate, puisque mourir pour Jésus-Christ n'était pas mourir, c'était commencer de vivre; que cette mort ou plutôt cette vie était recherchée des vrais enfants du Christ plus que les trésors les plus précieux ne le sont du commun des hommes, et que les Épicuriens mettaient plus d'ardeur à soupirer après les plaisirs sensuels qu'eux-

(1) Cette méthode de démonstration du Christianisme par les miracles nous a été donnée par Notre-Seigneur lui-même. « Allez, dites ce que vous avez entendu : les aveugles voient, les boîteux marchent, les lépreux sont guéris, etc., etc. » Les Apôtres suivirent naturellement la même méthode et leurs successeurs les imitèrent. N'est-ce pas en effet la plus courte, la plus évidente, celle qui consiste à prouver la divinité d'une doctrine par des actes qui ne peuvent venir que d'un Dieu ?

-mêmes, vrais et sincères imitateurs du Christ, n'en mettaient à les mépriser et à les fuir. Plus que toutes les voluptés et les délices ils estimaient les fatigues, les sueurs, les veilles, tout ce qui semble dur, rempli d'aspérités, intolérable, au commun des hommes. En agissant ainsi d'ailleurs ils proclament hautement que ce n'est point par une sorte de perversion de leur nature, qui les porterait d'elle-même comme les autres à ce qui est doux et facile, mais bien par le secours d'une vertu excellente et d'une puissance supérieure.

Par ces discours et autres semblables qu'il avait entendus lui-même sortir de la bouche de Paul, le disciple fidèle du grand Apôtre à la science divinement inspirée se tirait facilement des attaques dont sans cesse on venait l'importuner. Il faisait même davantage encore : soit par la force du raisonnement, soit par celle de l'autorité, il attirait à sa manière de voir plusieurs d'entre ses adversaires, il était comme l'aimant qui agit sur le dur métal. Quant à ceux sur lesquels il n'arrivait point à produire des résultats aussi complets, au moins ébranlait-il leurs machines de guerre et les faisait-il douter de la bonté réelle de leurs systèmes. Les plus obstinés et les plus entêtés dans leur erreur, ces hommes qui parlaient toujours de leurs idées sans vouloir écouter l'exposé des siennes, il les amenait à comprendre que leurs efforts étaient inutiles et qu'ils feraient bien de renoncer à leur entreprise.

Parmi ses adversaires, un surtout se distinguait par son insistance, et c'était celui de ses amis qui lui était le plus cher. Depuis son enfance il avait été son intime; dans son adolescence il avait été son compagnon de voyage; c'était, en un mot, un autre lui-même; cet adversaire était Apollophane. C'était cet Apollophane qui s'était uni à Denys par un même genre de vie et d'état, avait vécu avec lui en Egypte à Héliopolis, au temps de cette fameuse éclipse qu'ils avaient étudiée ensemble sans en être toutefois également affectés.

Il n'y eut donc aucun moyen qui ne fût tenté par Apollophane pour détourner son ami de la religion qu'il venait d'embrasser, et d'un autre côté, Denys songeait le jour et la nuit au moyen de gagner à sa cause son ami d'enfance. Ils se recherchaient et s'écoutaient mutuellement avec d'autant plus de désir et de bienveillance, que chacun d'eux n'avait rien de plus à cœur que de convaincre son adversaire, mais autant leur abord avait de cordialité et de bienveillance, autant leur séparation avait d'aigreur et de tristesse. Denys toutefois supportait encore assez facilement les légers désagréments de ces entrevues, car il était soutenu d'un côté par les consolations et encouragements de Paul et d'Hiérothée, et de l'autre, par la grâce du saint Baptême qu'il venait de recevoir. Apollophane au contraire, privé qu'il était de ces secours célestes, et singulièrement tourmenté d'ailleurs par sa croyance aussi erronée qu'ancienne aux Dieux de son pays, pouvait à peine se contenir. Il lui arrivait même de s'emporter jusqu'aux injures, et quelquefois il en venait au point de charger de malédictions Jésus-Christ et Paul son apôtre, comme étant les auteurs d'un si grand mal. Car, disait-il, avec horreur, on ne peut rien voir de plus affreux, on ne peut rien ouïr de plus exécrable que l'abandon des divinités et de leur culte, la désertion des temples, le mépris et le ridicule dont on couvrit la religion en lui préférant un culte étranger, le culte d'un infâme et d'un scélérat parvenu à établir un simulacre, un fantôme de religion, qui l'avait conduit au gibet. Ces propos lancés avec autant de colère que d'aigreur, bien qu'ils ne laissassent pas de blesser les nobles sentiments de Denys, ne le touchaient jamais cependant au point qu'il s'oubliât jusqu'à repousser l'injure par l'injure, Mettant au contraire un frein à son impatience, il supportait tout avec calme, modérant les mouvements de la colère par les sentiments de l'amitié. Il se figurait, en effet, que cet homme exaspéré maintenant par les suggestions diaboliques, pourrait plus tard, et par l'heureux effet du temps qui dompte tout, revenir à des sentiments plus modérés, et même, si telle était la volonté du Dieu tout-puissant et l'effet de la grâce divine, il espérait le voir un jour combattre avec gloire sous l'étendard de la Croix.

Il ne fut pas déçu dans ses espérances. En effet il arriva que s'étant séparés pour vaquer à leurs affaires en différents pays, Apollophane fit rencontre de Polycarpe à Smyrne ou en d'autres lieux, et pendant leur entretien il fut fait mention de Denys, et Apollophane aussitôt de s'emporter contre lui le chargeant de malédictions et l'appelant parricide, pour ce qu'il avait osé parler ou écrire contre les Grecs ou les Gentils et attaquer ses concitoyens de ses propres armes.

Polycarpe, d'après ses habitudes et ses principes arrêtés de mansuétude, qu'il valait mieux gagner cet homme par des paroles de douceur, que de l'aigrir encore davantage et d'allumer l'étincelle par le souffle de la contradiction, parvint à le modérer insensiblement, à composer tous ses mouvements et à se l'attacher avec le temps d'une telle manière qu'il eut bientôt l'espoir fondé de le réconcilier avec Denys et avec Jésus-Christ. Il envoya donc une lettre à Denys et lui apprit à quel point en était son Aristophame. Il lui fit connaître avec quels emportements de colère il l'avait accusé d'avoir été puiser dans les livres et les doctrines des Grecs des armes contre les Grecs eux-mêmes, ce qui avait été pour lui une ample matière d'injures contre Denys. — On n'a plus, à la vérité, cette lettre de saint Polycarpe; mais on possède la réponse pleine de douceur qu'y fit Denys et dont voici à peu près le sommaire.

« Il ne se souvenait pas, disait-il, d'avoir rien écrit contre les Grecs ou autres. Car à son avis, les gens de bien ne devaient rien désirer que de bien connaître la vérité et de l'annoncer telle qu'elle est, et que si les choses se passent ainsi, tout ce qui est étranger à la vérité tombera de soi, sans l'emploi d'aucun autre moyen; qu'en conséquence, il devenait superflu pour les apôtres de la vérité d'entreprendre de discuter avec les uns ou les autres.

» Il en est, en effet, de la vérité, comme du diamant du roi, chacun se vante de le posséder. On vous en montrera même, mais ce n'en est qu'une faible imitation, si vous les rejetez comme faux, en viendra un autre qui vous dira l'avoir, pour certain, et plusieurs vous affirmeront la même chose. Cependant aucun d'eux n'aura le véritable et ils n'apporteront que des pièces plus ou moins ressemblantes. Produisez maintenant le véritable, qui est facile à reconnaître et qui prouve par lui-même son authenticité, on remarquera aussitôt que les autres ne lui sont pas absolument semblables, et que par là ils décèlent d'eux-mêmes leur fausseté. C'est ce qui arrive pour la religion de Jésus-Christ, seule véritable. Mettez la en évidence, en face des autres religions, elle fera voir aussitôt ses caractères de vérité, et prouvera clairement que les autres ne sont rien que des superstitions, des apparences, des ombres de religion, altérées et corrompues.

» C'est pourquoi, reprenait Denys, je n'avais point de motif si pressant d'écrire contre les Grecs ou autres; il me suffisait, et je ne demande point à Dieu d'autre grâce, il me suffisait de connaître la vérité et après l'avoir connue, de la prêcher comme il convient.

C'est en ces termes que Denys lui répondait et ce que nous venons de dire, forme la première partie de sa lettre, dans laquelle il a pour but de se concilier la bienveillance d'Apollophane en se justifiant des prétendues attaques qu'il aurait faites contre les Grecs ses compatriotes. Dans la seconde partie, il retourne contre Apollophane lui-même le trait que le philosophe lui a lancé, il le fait avec finesse, mais toujours avec bonté et se gardant bien de l'offenser.

Voici comme il se justifie en écrivant sa lettre à Polycarpe. « Quant aux injures que me prodigue, dites-vous, Apollophane le sophiste (1), quant au titre de parricide, dont il me gratifie, pour avoir puisé dans les écrits des Grecs des armes contre les Grecs eux-mêmes, ne pourrais-je pas lui répondre avec plus de vérité que les Grecs mêmes m'ont donné l'exemple de cette indélicatesse, en se servant, d'une manière assez scandaleuse, des bienfaits de la divinité contre la divinité elle-même : puisqu'ils se servent de la sagesse divine ou de la philosophie, pour extirper de leur sein la religion et le culte de la divinité. Et je ne parle pas ici de ces hommes du vulgaire, qui croyant à toutes les fables imaginées par les poètes et se repaissant de leurs rêves impurs, prodiguent leurs hommages à la créature, au mépris

(1) Le mot sophiste était pris aussi souvent en bonne qu'en mauvaise part à cette époque. Ce qui prouve qu'on doit l'entendre ici dans le bon sens, c'est qu'ailleurs saint Denys l'appelle un miroir de science, un homme très-savant. Plutarque, dans sa vie de Thémistocle, a expliqué la signification de ce mot.

du créateur; mais je parle d'Apollophane lui-même, et je l'accuse de se faire des choses divines des armes coupables contre la Divinité. Car la connaissance, la science de tout ce qui est (ce qu'il appelle fort à propos la philosophie, et saint Paul la sagesse de Dieu) doit conduire les vrais philosophes à honorer l'auteur des choses qui existent comme de la science qui les embrasse.

C'est là sa réponse. Sans oublier aussi qu'il a affaire à un amateur de science astrologique, il s'étudie à le gagner par les mêmes moyens qui l'ont vaincu lui-même. A cet effet, il lui rappelle les merveilles accomplies dans le Ciel, sur le disque du soleil, contre le cours de la nature; et il lui prouve que cela n'a pu se faire sans l'intervention de celui qui au commencement a fait le ciel et le soleil et qui depuis les maintient à leur place. Il n'entre point ici dans mon objet, dit Denys, de réfuter sur ce phénomène l'avis de plusieurs personnages, ni le sien; mais Apollophane en sa qualité de Sage, devait comprendre que dans l'ordre des corps célestes comme dans leur mouvement, aucun changement ne peut survenir, qu'il ne soit produit par la main puissante du Créateur et du conservateur de ces astres, qui, selon les saintes écritures, fait tout et change tout. Que n'adore-t-il donc celui dont la nature confesse la divinité? Que n'admire-t-il une puissance qui est cause de tout et dont la parole humaine est impuissante à exprimer l'étendue? Quelle autre puissance, en effet, fit qu'autrefois le

soleil et la lune avec les cieux demeurassent dans une complète immobilité pendant une journée entière ou bien encore, ce qui est plus merveilleux, qui a pu faire que les espaces célestes supérieurs suivissent leur mouvement ordinaire tandis que les espaces qu'ils contiennent résistassent contre leur loi ordinaire à ce mouvement des cieux environnants? Assurément, la puissance divine a pu seule produire cet étrange effet par son empire irrésistible sur la création. Poursuivons. Quelle autre puissance a pu faire qu'un seul jour fût égal en durée à trois autres jours et que dans une révolution de vingt heures les globes célestes, subissant des impulsions contraires, revinssent sur leurs parcours et retournassent ainsi par des évolutions hors des règles de la nature, au point d'où ils étaient partis? Ou encore, si l'on aime mieux, qui a pu donner au soleil cette vitesse quintuple qui lui fit accomplir sa course ordinaire et le retour à son point de départ dans l'espace de dix heures, en se frayant une nouvelle carrière. Car c'est là un prodige qui avait frappé d'étonnement les peuples de Babylone, et qui avait été donné avant le combat, au roi Ezéchias comme représentant des souverainetés de la terre (1).
« Que dire de ces prodiges sans nombre dont l'Egypte « et autres lieux furent le théâtre? Car toutes les mer- « veilles dont j'ai parlé, opérées dans le ciel, ont eu

(1) Ceci est une explication qui ne se trouve pas dans le 4e livre des Rois ni dans le second des Paralipomères, mais dans l'historien juif Joseph, au livre X de ses Antiquités Judaïques.

« l'univers entier pour témoin et sont gravées pour « jamais dans le souvenir de tous les peuples. »

Denys, après avoir ainsi emprunté ses preuves au ciel et aux astres pour convaincre son ami l'Astrologue de la vérité d'un seul Dieu, craint pourtant que les prodiges rapportés plus haut n'obtiennent point l'assentiment d'Apollophane parce qu'ils étaient puisés dans les Ecritures dont il n'avait point connaissance. Ces prodiges n'étaient pas cependant absolument dans l'oubli, car pour ne parler que de celui que nous avons cité sur la durée de ce jour qui en valait trois, on pouvait en avoir connaissance par les rites sacrés des Perses. Ces peuples, pour éterniser le souvenir de ce prodige, établirent une fête en l'honneur du triple *Mithra*, qui était le nom du soleil! Toutefois, pour les motifs ci-dessus énoncés, Denys prie Polycarpe de rappeler avant tout au souvenir d'Apollophane cette défection étonnante du soleil, dont ils avaient été les témoins lors de leur séjour à Héliopolis, et à l'occasion de laquelle lui, Apollophane, s'était écrié dans un moment d'inspiration: « Voilà un renversement des choses divines, » « et ce renversement, ajoute Denys, « voilà aussi qu'il nous a fait passer de l'erreur à la « vérité, des ténèbres à la lumière, de la mort à la « vie, des fantômes des divinités au culte du Dieu « véritable. » Terminant alors sa lettre, il dit: Pour « vous, ô divin Polycarpe, suppléez à mon impuis- « sance, et faites tous vos efforts pour convaincre un « homme d'un si grand mérite et faire passer ce zéla-

« teur de la sagesse profane, à la sagesse bien autre-
« ment précieuse de la religion chrétienne. »

Il y suppléa effectivement et il vit ses efforts couronnés de succès, car après avoir souvent harcelé le philosophe par les arguments de Denys et les siens, il l'amena à renoncer à la sagesse mondaine pour s'abandonner de plein gré à la sagesse divine, seule digne véritablement de ce nom.

Qui pourrait peindre alors la joie commune de Denys et de Polycarpe, les compliments et les félicitations qu'ils s'adressèrent pour avoir amené par de communs efforts, un homme d'un si grand mérite sous le joug plein de douceur de la religion chrétienne? D'ordinaire, plus une conquête a coûté de temps et de sueurs, plus aussi elle est chère au vainqueur. Aussi, pour les âmes angéliques de Denys et de Polycarpe, cette joie fut telle qu'on en pourrait difficilement rencontrer de semblable, parce qu'aussi on n'en rencontre peut-être pas qui ait coûté tant de travaux et de constance. Ce ne fut en effet que longtemps après leurs premiers entretiens sur la religion, après bien des pointes amères, des calomnies même, lancées d'une part avec aigreur, supportées d'autre part avec bienveillance et retenue, que Dieu amena la conversion du philosophe comme le digne prix d'une longue et sainte patience. Tant il importe, quand on travaille au salut de ses frères, de ne point perdre courage, mais d'attendre, s'il le faut, des mois et des années entières, et que dis-je? il faut attendre pendant toute la vie et aussi longtemps qu'il reste au prédicateur comme à son adversaire, un souffle de vie et une goutte de sang dans les veines. Il faut alors conseiller, reprendre, gourmander, prier et même, au besoin, supporter les fatigues, les douleurs, les chagrins, les injures et les malédictions de tout genre, et cela pour le profit spirituel d'une âme qui, après tout, est plus précieuse, à elle seule, que le ciel et la terre.

Qu'on prenne Denys pour modèle, que l'on voie la joie et les saints transports que lui inspire la conquête d'une seule âme. Pour qu'on en puisse juger nous citons ici une de ses lettres à Apollophane après que ce philosophe eût reçu le baptême.

Denys au philosophe Apollophane, Salut.

« Voici, mon très-cher, que je viens t'entretenir quelques instants et te dépeindre les soucis et les inquiétudes que j'ai ressentis à cause de toi. Car il te souvient avec quelle bienveillance et quelle douceur j'ai combattu en toi cette opiniâtreté dans l'erreur, d'ailleurs si peu fondée, et avec quelle bénignité j'ai réfuté ces vaines opinions dont tu étais le jouet. Aujourd'hui, moitié de moi-même, que tu es revenu à de meilleurs sentiments, je viens te féliciter d'avoir été l'objet de la miséricorde divine, et je fais plus, je viens t'entretenir de sujets que tu repoussais autrefois avec indignation. Souvent, en effet, je t'ai rapporté, d'après le récit mosaïque, l'origine de l'homme formé du limon de la terre, l'expiation des péchés des hommes dans les eaux du déluge et plus tard, les miracles que Moïse, l'ami de Dieu, opéra en Egypte et après la sortie d'Egypte, pour la cause de Dieu et par la vertu de Dieu. Je t'ai montré les prophètes renouvelant à des intervalles marqués ces prodiges de Moïse, et annonçant au monde longtemps à l'avance, qu'un Dieu se ferait homme dans le sein d'une vierge. Il t'arrivait alors de me répondre que non seulement tu ignorais si tout cela était vrai, mais encore que tu ignorais complètement si ce moyen, dont je parlais, était blanc ou noir. Cet évangile de J.-C. (qui est ce Dieu de toute majesté et que tu appelais le Dieu do Denys), tu le rejetais avec dédain; et Paul, cet apôtre qui avait parcouru le monde, pour le dégager de ses chaînes terrestres, et le rappeler à ses célestes destinées, tu refusais de le recevoir et de l'entendre, tu me reprochais, à moi-même, d'avoir lâchement abandonné la religion de mes pères pour embrasser un culte détestable et sacrilège; tu m'exhortais par suite à abandonner ces dogmes où je mettais ma confiance et à prendre le parti de demeurer satisfait des divinités connues et honorées dans mon pays, plutôt que de songer à y déroger ou à en introduire de nouvelles. Voilà comme tu répondais à mes instances; mais maintenant qu'un rayon de la lumière céleste est venu, par la volonté de Dieu, dissiper les ténèbres de ton âme, il me plaît de te rappeler un trait qui prouve combien tu avais l'âme naturellement pleine de religion. — C'est lors de notre séjour à Héliopolis, (j'avais alors vingt-cinq ans, et tu étais à peu près de mon âge), le sixième jour de la semaine et vers la sixième heure du jour, le soleil caché par un mouvement de la lune sur son orbite, s'obscurcit entièrement et d'une manière à jeter l'épouvante partout. (Ce n'est pas qu'alors le Dieu véritable n'eût pu donner la lumière, mais bien que le soleil, son ouvrage, ne put réellement donner ses rayons lumineux, quand la lumière par essence, venait elle-même de défaillir). Je te demandai alors, ô savant Apollophane, ce que tu pensais de ce phénomène et tu me fis une réponse que j'ai conservée dans ma mémoire et dont ni l'oubli, ni la mort même n'effaceront jamais l'empreinte. L'univers se trouvait donc plongé dans d'épaisses ténèbres, et le globe du soleil avait absolument cessé d'être lumineux. Nous prîmes pour guide la règle de Philippe Aridée, et nous acquîmes de nouveau la conviction qu'il ne pouvait y avoir alors d'éclipse de soleil.

Nous remarquâmes ensuite que la lune avait commencé d'éclipser cet astre en venant d'Orient, tandis, qu'en toute autre circonstance, elle le faisait en venant sur lui d'Occident. Nous observâmes encore que la lune, arrivée à l'extrêmité de l'orbite du soleil, et l'ayant entièrement voilé, fit son mouvement rétrograde vers l'Orient et cependant au moment où le phénomène se passait, il ne devait y avoir ni apparition de lune, ni jonction des deux astres. Troublé alors par ces mystères de la nature et sachant, mon ami, que ton esprit est un trésor rempli de précieuses connaissances en tout genre, je te disais : miroir de la science, cher Apollophane, que penser de tout ceci et que nous annoncent, selon toi, ces étranges phénomènes? Tu me répondis alors par une parole plus divine qu'humaine : « Je vois en tout cela, mon cher Denys, un renversement des choses divines. » Enfin après avoir remarqué avec soin le jour et l'année de ce phénomène et m'être convaincu qu'ils se rapportaient parfaitement avec l'époque des prodiges qui avaient annoncé au monde incrédule la divinité de Jésus-Christ, selon que je l'avais appris de la bouche de saint Paul, je me dégageai alors des liens du mensonge pour me rendre à la force de la vérité, et c'est cette vérité que je prêche maintenant à haute voix, c'est cette vérité que j'ai cherché de t'inspirer et qui est la vie, la voie et la véritable lumière éclairant tout homme qui vient en ce monde; c'est à cette vérité que tu as fini par te rendre comme le devait faire un véritable philosophe : car c'est se rendre à la vie que de renoncer à la mort. Tu couronneras ton œuvre en t'attachant désormais d'une manière indissoluble à cette vérité sainte : c'est là le lien destiné à resserrer notre antique amitié. Nous aurons ainsi avec nous, cette bouche éloquente dont les accents revêtus de tous les charmes éblouissants de la parole humaine, ébranlaient les fibres les plus secrètes de mon cœur et dont les traits piquants me faisaient de si vives blessures. C'est pourquoi, de même que selon ton aveu, la doctrine chrétienne et les saints livres dont la connaissance est si délicieuse, t'inspiraient jadis du dégoût au point que quand tu approchais, disais-tu, tes lèvres de ce mets insipide, ton cœur le repoussait avec dédain. Ainsi, mon cher ami, maintenant que Dieu t'a donné au cœur l'intelligence et la pénétration des choses saintes, tu dois élever ton âme à la hauteur de ses destinées et ne jamais sacrifier la réalité à la vanité; mais, au contraire, montre-toi d'autant plus obstiné dans le bien, à l'égard de ceux qui voudraient t'entraîner à la vanité, que tu t'es montré opiniâtre dans le mal lorsque nous t'avons voulu amener à la vérité. Alors me réjouissant en Jésus-Christ (qui est tout mon être et toute ma vie) je mourrai sans regret en lui, puisque je t'aurai vu vivre pour lui. »

Voilà un spécimen des lettres de Denys, et en même temps, un éloquent témoignage de ses transports de joie sur la conversion d'une âme à Dieu. D'où l'on voit que si Denys a dû faire des efforts de courage et de constance en face des calomnies dirigées contre sa foi, il a vu du moins ces efforts couronnés du plus heureux succès. Pour ce qui est de l'accusation et des peines portés contre les fauteurs de religion nouvelle, il n'en fut rien à l'égard de Denys, car les Athéniens, depuis la mort de Socrate (ils en eurent si grande honte et si grand regret, qu'ils ne tardèrent pas en signe de deuil public, à fermer leurs théâtres et leurs gymnases et à punir ses accusateurs de l'exil ou de la mort) ne s'empressèrent jamais d'accuser personne pour cause de religion ou de porter aucun jugement sur le culte ou l'abandon des Dieux. C'est ce qui explique pourquoi Athènes est peut-être la seule ville célèbre de la Grèce où il n'y ait pas eu de martyr du nom chrétien, et cependant il n'y eut jamais (c'est une chose constamment prouvée) personne qui fut puni de mort ou d'exil pour avoir embrassé la cause de la religion chrétienne. S'il pouvait y avoir quelque doute à cet égard, ce serait à propos de Publius et Quadratus, évêques d'Athènes et successeurs de Denys. Mais il est de toute vraisemblance, comme on peut du reste s'en convaincre par les actes de leur martyre, qu'en butte à des outrages de particuliers soulevés dans une émeute soudaine, ils furent seulement lapidés ou tourmentés d'une autre manière, et que pour laisser la paix aux chrétiens de la ville, ils sortirent et allèrent finir leurs jours en d'autres pays. Nous pourrons nous étendre là-dessus, dans un autre endroit, quand il sera question de Quadratus.

Après avoir vu les premières luttes de Denys contre les obstacles qu'on a ordinairement à supporter au commencement d'une entreprise sérieuse, nous allons voir les progrès qu'il fit tant dans les vertus chrétiennes que dans la connaissance de la théologie.

CHAPITRE IV.

PROGRÈS DE DENYS DANS LA THÉOLOGIE ET LES VERTUS CHRÉTIENNES. — SON ÉLÉVATION A L'ÉPISCOPAT.

Le nouveau soldat de Jésus-Christ n'eut pas été plus tôt régénéré par les eaux salutaires dans l'Église de Dieu, qu'il renonça dès lors à toutes les pompes et à tous les charmes de l'esprit de ténèbres; et passant soudain comme de la mort à la vie, il oublia ce qui est bruyant et populaire pour s'efforcer d'acquérir de nouvelles connaissances et de nouvelles vertus dans la religion qu'il venait d'embrasser.

Et ici le mérite et l'excellence des maîtres ne contribua pas peu aux heureux résultats qu'il obtint (c'est en effet le mérite des maîtres qui inspire le plus souvent l'amour de la science), car il eut vraisemblablement pour maîtres ceux-là mêmes qui avaient eu Dieu pour précepteur, c'est-à-dire les Apôtres et les disciples de Jésus-Christ, et avant tous et plus longtemps que tous les autres, l'illustre

Paul. (1) C'est Paul qui l'avait engendré à Jésus-Christ par la parole de vie; c'est Paul qui lui donna les aliments spirituels, c'est-à-dire les éléments de la foi chrétienne, qui sont comme le lait de la doctrine pour les nouveaux-nés de l'église. Remplissant à son égard l'office d'une mère tendre et dévouée, après l'avoir légitimement enfanté à la vie spirituelle, il voulut lui donner une éducation libérale. Il lui exposa donc, avec grand soin, les mystères de notre religion, lui fit voir le monde, que les philosophes disaient éternel, sorti du néant au moment où rien n'était encore, que Dieu lui-même; puis la faute de nos premiers parents et les châtiments dont elle fut suivie; la transmission de la faute et de sa punition à leur postérité malheureuse et de là le déluge de maux qui affligent l'humanité tout entière, et dont l'effet est comparable à celui des eaux du déluge sur le monde entier. Après venait le renouvellement de l'espèce humaine qui s'était altérée, toute la suite des patriarches dont la foi et les œuvres saintes font l'admiration de leur postérité. Il lui montrait encore les volontés divines écrites dans le ciel par le doigt de Dieu, et transmises par le ministère des anges à Moïse, son serviteur; et après avoir relevé par de magnifiques éloges les préceptes de cette loi écrite

(1) Il suffit, pour s'en convaincre, de consulter les *Ménées* des Grecs. Au reste Saint Denys le dit lui-même en plusieurs endroits de ses ouvrages, et il donne à Saint Paul le nom de maître, de précepteur, et autres analogues. Voir le traité des *Noms divins*, ch. 2, 3, 4 et 7.

sur les deux tables, il lui démontrait combien ils sont en harmonie avec la nature de l'homme et nécessaires à la conservation de toute société, combien il était convenable d'imposer à un peuple encore plein de rudesse et de férocité cette multitude de rites et d'observances, afin de dompter et d'adoucir par là son caractère sauvage. Il lui montrait aussi combien plus tard cette loi était devenue l'objet, soit de transgressions fréquentes, soit d'interprétations excessives et superstitieuses; il en démontrait le caractère transitoire et tout de préparation à une loi supérieure.

Ayant ainsi fait voir tout le genre humain livré à l'erreur et à la perdition, la loi divine ancienne stérile et sans vertu, et la corruption envahissant l'univers, il en déduisait la nécessité d'une loi nouvelle, d'un législateur nouveau et tel qu'il eût sur tous les hommes empire et autorité. Alors on voyait briller la sagesse infinie de Dieu envoyant du ciel son fils unique qui, unissant notre nature humaine à sa nature divine dans une seule personne, trouve ainsi le meilleur moyen de racheter le monde, et puise dans sa bonté et dans sa puissance infinies, la volonté et le pouvoir nécessaires à l'exécution de ses desseins miséricordieux.

Cette exposition des principaux mystères de notre foi, se trouvait souvent interrompue par Denys, qui était un philosophe aussi subtil qu'adroit, et qui s'empressait de soumettre à son précepteur des objections qui n'étaient point à dédaigner. Mais il ne les avait pas plus tôt proposées que l'Apôtre y avait trouvé une réponse tellement claire et féconde qu'elle contenait encore la solution d'une foule d'autres difficultés et donnait à l'adversaire plus de lumière qu'il n'en avait demandé. Paul ne pouvait ignorer combien Denys allait devenir justement fameux dans l'église chrétienne; aussi avait-il hâte de donner à un homme si nécessaire à l'Eglise tous les enseignements qui étaient en lui et de déposer dans son âme, comme dans le sein d'une arche fidèle et impérissable, tous les trésors de sa science et de sa sagesse. Aussi, avec une intelligence si vive, un maître si habile, et une application sans égale, il fut facile au philosophe d'acquérir, en peu de temps, des connaissances auxquelles parviennent à peine quelques intelligences d'élite après des études de nombreuses années. Enfin, pour comprendre en deux mots bien significatifs, tout ce que Paul fit à l'égard de Denys, je dirai avec les saints livres, *qu'il le conduisit par le monde et l'instruisit*. C'est en effet, (1) un fait certain, qu'il suivit Paul pendant trois ans dans ses voyages de Grèce et d'Italie. Ce fut donc Paul son premier et son plus illustre maître en théologie; après lui, il eut Hiérothée, (2) homme de Dieu, sinon comparable aux apôtres, au moins digne d'être mis à leur suite et

(1) Voyez Eusèbe, au livre IIIe de son Hist. ecclésiast., ch. 4. — Voyez aussi Nicéphore Calliste.

(2) Saint Denys le dit lui-même en propres termes en plusieurs endroits de ses écrits.

singulièrement comblé des dons et des faveurs célestes. Je réserve pour l'histoire particulière de ce saint, de plus amples détails qui seraient ici déplacés. Revenons donc à Denys.

Comme il ne suffit pas à un homme destiné de de Dieu au gouvernement de son église, de se distinguer par une science éminente, soit sacrée, soit profane, mais qu'il faut encore en outre, et avant tout, une vertu éprouvée et plus qu'ordinaire (la science n'étant après tout qu'un instrument; mais la vertu faisant le fond même de l'âme); Denys s'appliqua donc à l'acquisition de la vertu avec toute la préférence que mérite l'âme elle-même sur ce qui n'est que son ornement ou sa parure. Denys ne dut pas pour cela aller chercher au loin ses leçons et ses exemples de vertu ; il avait reçu les unes de la bouche même de son maître, comme autant d'oracles infaillibles, et il voyait tous les jours les traits de la vertu retracés dans la conduite de l'apôtre comme en un tableau fidèle. Aussi, à l'exemple de son maître, et comme condition première d'une vie parfaite, il domptait son corps à force de jeûnes, de veilles et de fatigues, et le réduisait tous les jours en servitude. Etant d'ailleurs dans la compagnie de Paul, il ne pouvait ni ne voulait agir autrement que lui, et de même que Paul, selon ce qu'il en écrit lui-même, avait été en proie à une foule de maux et nommément aux fatigues et aux chagrins, aux veilles, à la faim, à la soif, au jeûne, au froid et à la nudité; ainsi Denys voulut-il subir les mêmes maux pour ressembler à son digne maître. Il ne croyait point devoir s'accorder aucun adoucissement pour la nourriture, se rappelant qu'il est écrit: « il suffit au disciple d'être traité comme son maître, et au serviteur comme son seigneur. » Il ne voulut donc point pendant que son maître fatiguait, veillait, jeûnait, se livrer à l'oisiveté, au sommeil et à la bonne chère ; mais sentant les combats intérieurs et la guerre continuelle que se font la chair et l'esprit, toujours divisés entre eux malgré leur apparente réunion dans un même tout (car la chair conspire contre l'esprit et celui-ci contre la chair), Denys s'efforçait prudemment d'enlever à son corps les armes à l'aide desquelles il voulait l'emporter sur l'esprit, et de rendre d'un autre côté à son esprit tous les auxiliaires et les appuis nécessaires pour maintenir sa légitime indépendance. Il sacrifia donc dans ce but, les délices du lit, de la table et toutes les autres commodités de la vie; d'un autre côté, il donna à son esprit tous les avantages, toutes les aises, toutes les délices qu'il put imaginer et qui ne lui étaient peut-être pas rigoureusement nécessaires en tout point.

Mais de quelles délices imaginez-vous que je parle? Eh ! que serait-ce autre chose que des prières continuelles adressées à Dieu, qui sont à la fois ce qu'il y a de plus délicieux et de plus salutaire pour l'âme; que la lecture du saint évangile et des écritures? et certes il serait difficile de trouver un moyen plus sûr à opposer aux funestes attraits des passions. C'était enfin la nourriture quotidienne du pain de vie, délices uniques des âmes dévotes et dans lesquelles on trouve ce qu'on ne rencontre pas en toute espèce de délices, la force et l'immortalité. Denys regardait donc comme d'une importance toute particulière ces quatre points essentiels de la vie chrétienne (que tout homme d'ailleurs doit mettre au premier rang, s'il veut faire quelques progrès devant Dieu) : châtier impitoyablement son corps, prier incessamment, se livrer sans réserve à l'étude des saintes écritures, se nourrir toujours du mets divin de l'Eucharistie, sans en être jamais rassasié.

L'établissement de ces quatre points de vie avait, chez Denys, de puissantes raisons. Pour le premier, il savait que plus le corps est humilié, abaissé, plus l'esprit s'élève en proportion. Pour le second, il se rappelait que tout don parfait descend du père des lumières et que la sagesse et la continence ne sont pas tant le fruit des efforts de l'homme que l'effet de la grâce et le don de la libéralité divine, don infiniment précieux et toujours assuré à celui qui le demande comme il faut. Pour le troisième, il le fondait sur cette considération, que l'Ecriture est *esprit* et *vie*; le quatrième enfin, sur sa conviction intime que tous les trésors de la divinité se communiquent à l'homme dans l'Eucharistie avec plus d'abondance et de plénitude que par les autres moyens ordinaires. Par cette macération de son corps, par ses prières assidues, faisant violence au ciel, il se fraya un chemin aux autres vertus que toutes ces règles de vie établissent et entretiennent. Son travail et ses efforts continuels l'amenèrent à un point de perfection tel que le corps ne lui causait plus ou presque plus d'obstacle, qui l'empêchât d'approfondir les divines écritures, coupe délicieuse d'où les hommes sensuels et désireux de plaisirs insensés n'ont jamais approché leurs lèvres.

Cette perfection, jointe à l'action de la grâce que l'on reçoit si abondamment dans l'Eucharistie, le rendit digne de jouir des visions célestes et de converser avec les anges. Paul remarquait dans son élève, ces progrès extraordinaires dans la vertu croissant de jour en jour, et il se livrait en lui-même aux transports d'une sainte joie. Il voyait les mœurs de Denys si semblables aux siennes, ses habitudes de vie si fidèlement retracées, qu'en le contemplant, il pensait se voir lui-même, et qu'il pouvait lui appliquer, quoique dans un autre sens, ces paroles qu'il adressa à un autre disciple : vous avez ma doctrine, mon genre de vie, mes résolutions, ma foi, ma longanimité, ma charité et ma patience. Notre Aréopagite, en effet, possédait tout cela, non pas par pur souvenir, mais par la copie fidèle qu'il en donnait chaque jour dans ses actions.

Paul donc persuadé qu'il ne devait pas différer de mettre en évidence une si grande lumière propre à dissiper les ténèbres des gentils, voulut pour le bien de l'Eglise universelle et particulièrement de l'Eglise occidentale, qu'il fût à la tête des fidèles d'Athènes dont le troupeau grossissant chaque jour, faisait concevoir de belles espérances pour la foi. On ne sait pas précisément s'il en fut le premier évêque (comme semble le dire un autre Denys de Corinthe, écrivain très-ancien) ou s'il en fut seulement le second, comme on le déduit des Ménées des Grecs où le siège est rempli premièrement par Hierothée. Il en est du reste du siège d'Athènes comme de celui de presque toutes les Eglises; par une propension naturelle à l'homme de donner à ses origines un caractère d'antiquité et aussi par la coutume où étaient alors les évêques de passer fréquemment d'un lieu dans un autre, il arrive qu'il est très-difficile de retrouver l'ordre de succession dans les premiers temps des Eglises. C'est un fait avéré, en effet, que au berceau de l'Eglise et même lors de ses premiers accroissements, les apôtres et leurs disciples, dévorés par le zèle de propager la vérité dont ils étaient dépositaires, ne savaient point se contenir dans les limites plus ou moins restreintes d'une province; mais avaient hâte de passer en d'autres contrées, quand ils avaient l'espérance assez fondée que l'Eglise récemment établie pourrait se développer avec le dépôt de leurs instructions et l'activité des disciples à qui ils en avaient confié la garde. Aussi je loue sincèrement l'auteur, le maître de l'histoire de l'Eglise qui écrivant sur ces temps et ces personnages dont nous parlons et faisant l'histoire des hommes apostoliques qui ont existé depuis les apôtres jusqu'à saint Quadrat, successeur de Denys (après Publius), au siége d'Athènes, fait les réflexions suivantes : « A cette époque, dit-il, cédant aux ardeurs » de leur zèle pour la diffusion de l'éternelle sagesse » et à l'impression qu'avait faite sur leurs âmes le » glaive de la divine parole, nombre d'évêques se » rendaient aux conseils évangéliques, distribuaient » leurs biens aux pauvres, puis quittant leur famille » et leur patrie, allaient en tout pays, prêcher l'évan- » gile et mettaient surtout leurs soins à faire con- » naître Jésus-Christ et le sens des Ecritures à ceux » qui n'en avaient jamais entendu parler. Et après » qu'ils avaient ainsi jeté les fondements de la foi sur » la terre étrangère, établi d'autres pasteurs en leur » lieu et place, leur confiant le soin et la culture de » ces jeunes plantes, ils allaient alors, guidés par la » main de Dieu, s'adresser à d'autres peuples. Comme, » dans ces premiers temps, ils opéraient grand nom- » bre de prodiges par la vertu de l'esprit divin qui » les animait, on courait en foule à leurs enseigne- » ments et les peuples n'avaient rien de plus pressé » que d'obéir aux premiers besoins de leur cœur et » de rendre au vrai Dieu le culte qui lui appar- » tient (1). »

D'après le témoignage de cet historien, on voit qu'il arrivait assez souvent que des pasteurs quittaient leur siège avant d'avoir pu tout disposer et tout ré-

(1) Eusèbe. Hist. ecclés. Livre 3e, ch. 37e.

gler, à raison du peu de temps qu'ils restaient à la tête du même troupeau. C'est ce qui fait que dans le dénombrement des évêques on les a passés sous silence et qu'on a mis en leur place leurs successeurs, qui, en demeurant plus longtemps au même siège, étaient parvenus à tout régler par de sages constitutions.

Ainsi, on a tout lieu de croire que Paul ayant donné naissance à l'Eglise d'Athènes, la remit aux mains d'Hierothée, qui la développa, la fit prospérer par une sage administration et la dispensation de la saine doctrine; mais qu'au bout de quelques années, obéissant à l'impulsion de l'esprit divin ou à un ordre de saint Paul, il quitta son Eglise pour aller en d'autres lieux. (Il est attesté qu'il se rendit en Espagne où il occupa un siège). C'est alors que saint Paul aurait nommé Denys au siège d'Athènes, c'était environ l'an cinquante-cinq de l'ère chrétienne. Denys entrait dans sa quarante-sixième année et il était aussi capable pour gouverner son église que pour supporter les fatigues de tout genre qu'entraînent avec elles les fonctions de l'épiscopat. Essayons de faire voir comment il répondit à cette vocation, et par quelles vertus il se signala en établissant sur une base inébranlable le siège d'Athènes.

CHAPITRE V.

DENYS ÉTABLIT ET ORGANISE L'ÉVÊCHÉ D'ATHÈNES. SON COURAGE, SON INDUSTRIE.

L'Église d'Athènes, à l'avénement de Denys, était encore, pour ainsi dire, à son berceau, petite, faible et sans appui. Hiérothée l'avait nourrie, il est vrai, du lait de la vérité, (Paul en effet, n'avait fait qu'y jeter en passant les semences de la foi, pour se rendre à la hâte en d'autres lieux), mais elle n'avait pas encore atteint, dans la plupart de ses membres, la vigueur et la force de la vie.

Les insinuations perverses des hommes irréfléchis et les moqueries des philosophes opposaient un grand obstacle à sa prospérité (1). Hiérothée néanmoins avait singulièrement travaillé à éloigner ces obstacles; mais appelé ailleurs par la volonté divine, il dut laisser à Denys la gloire principale de la fondation et de l'affermissement de ce siége. Denys, en effet, y séjourna longtemps et travailla avec un si

(1) Saint Luc en fait mention aux actes des apôtres, ch. 17.

grand zèle à l'accroissement et à l'organisation de son église, qu'elle ne le céda bientôt aux autres églises ni pour le nombre, ni pour la force, ni pour la sage distribution de ses divers membres entre eux: car à son retour dans cette ville, après les voyages faits dans la compagnie de Saint Paul, tout plein de l'esprit de son maître, qu'il soupirait de communiquer à ses concitoyens, il se mit dans ce but à aborder les principaux des fidèles en qui il savait pouvoir sûrement se confier, leur parla avec bonté et les admit en tous ses conseils, leur parla de Paul et des choses qu'il en avait apprises, les questionna tour à tour, et sur le nombre des chrétiens d'Athènes, sur leur ferveur, leur constance, sur leurs adversaires, leurs efforts, ruses et machinations, et sur tout ce qui peut être utile pour guerroyer entre ennemis. Il n'oubliait par surtout de les exhorter à amener à la connaissance du Dieu inconnu, ceux-ci leurs parents et alliés, ceux-là leurs voisins et amis, les autres enfin leurs hôtes ou les étrangers même, chacun dans la mesure de son influence, et de son pouvoir. Il était beau de voir alors chacun de ces fidèles enflammé des paroles de son évêque, promettre d'employer tous ses efforts et toute son industrie, et de montrer combien il était fondé à espérer la conversion de quelques âmes qu'il désignait. Ainsi se répandait le feu de la charité, le zèle ardent qu'excitaient dans les esprits les réunions ordinaires et le désir de se dévouer pour la gloire de Dieu. On eût dit que ce premier siècle de l'église était son âge d'or, où tandis qu'il n'y avait à Jérusalem, parmi les fidèles, qu'un cœur et qu'une âme, on voyait la même merveille se reproduire à Athènes sous l'action et la direction de Denys. Ainsi le nombre des néophytes s'accrut bientôt, attirés ceux-ci par les lumières des plus éclairés, ceux-là ravis par la modestie, la gravité et la chasteté du sexe le plus faible, d'autres enfin, par la rare prudence, l'équité, la bonne foi, la fermeté et les autres vertus que les fidèles savaient insinuer par leurs actions avec autant de force que de douceur. Il était en effet très-facile de distinguer, même au simple aspect, les chrétiens d'avec les païens. On ne voyait dans leur extérieur, ni légèreté, ni feinte, ni dissimulation, ni pétulance, ni hauteur, rien enfin qui fut contraire aux règles d'une vie honnête et d'une bonne éducation. C'est ce qui faisait que parfois leurs ennemis mêmes, convaincus par la force de tant de vertus, se laissaient entraîner avec bonheur dans le parti de la religion nouvelle, pour y respirer le parfum des vertus chrétiennes, et parce qu'il n'y a rien qui attire d'ordinaire l'esprit des hommes avec tant de force et de puissance, que la modestie et la douceur au sein des dignités et des grandeurs. Aussi ne saurait-on s'imaginer tout ce que Denys parvint à faire auprès de ses concitoyens par l'influence de ses vertus. Car étant le prince de l'église d'Athènes (comme il avait été le chef de l'aréopage), il ne dédaigna pas de descendre au-dessous de sa position, avec modestie, douceur et affabilité, prenant pour règle de ne se préférer à personne, de mettre tous les autres à sa hauteur; et il portait ces vertus dans la pratique à un tel point, que la maison d'un simple particulier n'était pas plus libre pour les amis de la famille que son palais ne l'était pour tout le monde. Il se rendait ainsi accessible à tous, riches ou pauvres, veuves et orphelins, et à ceux-ci encore de préférence, puisque, dans sa charité, non-seulement, à l'exemple de son maître, il leur avait donné les enseignements nécessaires à leur âme, mais encore il leur avait fourni des ressources opportunes pour leurs besoins corporels. Grâce à ces soins et à ces bons offices, il ne tarda pas à voir sa chère église assez florissante pour espérer que son administration en deviendrait plus facile et plus féconde en bons résultats. Il devenait urgent de faire la distribution des charges et dignités selon que cela se pratique dans toute société bien organisée. Denys, pour mettre ce projet à exécution, suivit l'exemple que lui avaient donné les apôtres lors de l'élection des diacres, et recommanda son projet aux prières de toute l'assemblée des fidèles. De son côté, il dirigea au saint sacrifice toutes ses intentions pour ce résultat et en fit l'objet de ses instantes prières le jour et la nuit; jusqu'à ce qu'enfin l'esprit de Dieu lui faisant connaître ce qui devait être le plus profitable à son troupeau, et le plus utile à la gloire de Dieu, il se décida à l'accomplir dans l'intérêt du bien général. Comme le peuple chrétien, depuis l'établissement du christianisme, se trouvait divisé en deux classes, l'une de personnes vouées au ministère des autels, l'autre de personnes absolument en dehors de ce ministère (aujourd'hui les premiers s'appellent clercs, les autres laïcs), il s'attacha d'abord à exiger que tous ceux qui seraient ordonnés prêtres ou diacres s'acquittassent exactement et scrupuleusement de leurs fonctions respectives et songeassent que, même dans leur moindre ministère, Dieu avait les yeux sur eux, exigeant toujours d'eux un culte digne en tout point de sa souveraine majesté, c'est-à-dire, accompli avec tout le soin, la sollicitude et la pureté désirables; qu'ils songeassent encore que les regards de tout le peuple fidèle étaient arrêtés sur eux, afin de régler leur vie non pas seulement d'après les paroles et les recommandations des pasteurs, mais encore, et bien plus peut-être, d'après leur conduite et leurs actions. Il leur recommanda surtout de n'apporter dans l'exercice de leurs fonctions aucune négligence qui pût scandaliser les fidèles. Ayant ainsi tout réglé et ordonné dans cette première partie du peuple, il s'occupa de l'autre, c'est-à-dire des laïques qu'il jugea à propos de diviser en trois (1) classes

(1) Cette série était ainsi la seconde ou celle de l'*illumination*; la troisième était celle de la préparation ou *purgation*. La première étant celle des clers ou de la *perfection*, on voit que Saint Denys suivait, comme on le faisait du reste partout, l'ordre des trois degrés de l'échelle mystique dont il parle dans ses livres: trois grandes divisions qui se partagent chacune en trois subdivisions.

distinctes. La dernière de ces classes renfermait les personnes qui n'ont point le droit de regarder ni de participer aux saints mystères : celle du milieu, renfermait les personnes qu'on admet à cette participation et qu'on appelle le peuple saint : la première classe, qui était la principale, se composait de moines. Cette dernière classe de personnes se trouvait tout naturellement au-dessus des autres par la raison qu'ils aspirent à une plus haute perfection et que pour cela ils reçoivent de la main des prêtres, et non des évêques, des rits propres et particuliers et une consécration spéciale. La dernière classe du peuple se subdivisait en trois autres : celle des cathéchumènes, des Energumènes, et des Pénitents. On nomme catéchumènes ceux qui ont reçu les premières notions de la foi et qui se préparent à la régénération sainte dans les eaux salutaires du baptême. — On appelle énergumènes, les personnes tourmentées par l'esprit mauvais, mais qui sont déjà réellement membres de l'église par la réception du baptême. — On donne enfin le nom de pénitents à ceux qui, par des fautes graves et publiques, se rendent indignes de la participation aux saints mystères. Le saint évêque les admettait tous aux assemblées où l'on faisait la lecture et l'explication des Ecritures ; mais au moment de célébrer les redoutables mystères, il leur ordonnait de se retirer, parce qu'ils n'étaient pas encore assez purs, ni assez éclairés pour mériter la faveur d'y assister. Ils se soumettaient sans aigreur aucune, parce qu'ils avaient été instruits sur ce point. Denys, en effet, dans sa sagesse et sa prudence, avait fait tous ses efforts pour établir entre les différents ordres une harmonie et une concorde parfaite; étant bien persuadé que c'est là une condition indispensable d'existence pour toute société religion ou assemblée quelconque, et que la religion chrétienne établie à Athènes, à force de bonne entente et de concorde, devrait au même moyen son affermissement et sa prospérité.

Il ne trouvait aucune raison pour laquelle les ordres inférieurs fussent jaloux des autres, pas plus que dans le corps humain, les pieds n'ont à envier aux mains, les jambes aux épaules, et tous les membres à la tête. Le bien commun consiste en ce que chaque membre soit content de son sort, se livre aux fonctions qui lui sont propres, s'efforçant autant que possible de venir en aide aux autres, sans chercher à leur nuire. Dans le corps humain, les diverses fonctions des membres leur ont été assignées par l'auteur même de leur nature, et, par une espèce d'instinct naturel, ils conservent toujours entre eux une concorde parfaite. Ainsi dans le corps de l'Eglise, l'évêque, d'après l'inspiration divine, a donné à chacun son ordre, sa place et ses fonctions propres, et s'il est fidèle à les accomplir, non seulement il travaille à son bonheur actuel, à son salut, mais encore il se crée un honneur et une gloire éternelle. Ainsi, éclairés par ces sages raisons, chacun se tenait fidèlement au rang qui lui était assigné dans l'assemblée des fidèles. Ils n'avaient point encore, il est vrai, de temples augustes et somptueux, mais chacun connaissait sa place et ses fonctions dans les endroits qui leur en tenaient lieu. Le Pontife seul siégeait au sanctuaire, ayant sous lui l'ordre des personnes sacrées. Près du sanctuaire étaient les places réservées aux moines. Les moines n'étaient pas alors ce qu'ils sont maintenant, ils ne vivaient point à part sous la direction d'un Père ou d'un recteur de leur ordre, ils vivaient au sein du peuple et résidaient dans la demeure paternelle, n'ayant pour tout directeur et maître que l'évêque seul ou un prêtre qu'il avait mis à leur tête. Après les moines, prenait place le reste du peuple fidèle qui avait droit d'assistance ou de participation aux saints mystères; à leur suite se groupaient ceux qui étaient encore regardés comme impurs, ou qui n'avaient reçu aucun sacrement. D'abord se trouvaient rangés ceux qui, convaincus d'avoir renié la foi, ou commis quelque faute grave, expiaient dans les larmes et dans une pénitence publique leurs regrettables égarements. A leur suite, étaient les possédés ou ceux que l'esprit mauvais livrait à des tourments indicibles; au dernier rang venaient tous ceux qui n'avaient encore reçu aucun sacrement; car, il était de toute convenance que ces derniers, n'ayant pas encore été régénérés ni éclairés des lumières célestes de la vie nouvelle, cédassent le pas à tous ceux qui, bien que souillés par des infidélités à la grâce et des rechûtes dans les pièges du démon, avaient été honorés de l'inappréciable faveur de la régénération en Jésus-Christ et de la participation à ses sacrements augustes.

Lorsqu'il eut pourvu au réglement de ces différents points, il porta son attention sur les rites et les cérémonies sacrées, dont la régulière observance contribue singulièrement a relever aux yeux des fidèles le mérite et la dignité des sacrements. Il observa donc lui-même et fit observer scrupuleusement par les ministres inférieurs, toutes ces cérémonies qui sont la source et l'aliment de la piété chrétienne. Aussi, sous la conduite d'un si digne pasteur, l'église d'Athènes apparaissait-elle à l'amour des fidèles toute belle et toute aimable, comme une autre cour éblouissante formée par un nouveau Salomon, défendue contre ses ennemis, formidable comme une armée rangée en bataille, éclatante au dehors par la splendeur de ses cérémonies, puissante au dedans par la force que donne la vertu. C'est qu'en elle veillait un gardien vigilant et prudent qui, par l'appareil extérieur donné à la religion, inspirait l'amour de la piété, et par la ferveur des âmes pieuses, faisait descendre du ciel les grâces divines. Qui pourrait dire dès lors, ou même imaginer ce qu'était Denys lui-même alors qu'il célébrait les divins mystères, combien il apparaissait grand, composé dans son extérieur et dans son intérieur, comme il s'élevait au-dessus des choses de la terre, comme il avait toutes les puissances de l'âme appliquées à Dieu et aux choses divines! Il suffisait sans doute à ce peuple docile pour s'enflammer de dévotion, et s'exciter à la piété, il lui suffisait de contempler son pontife sacrifiant ainsi à Dieu. Aussi le voyait-on courir en foule aux assemblées saintes toutes les fois qu'elles avaient lieu. Quelle promptitude, quelle sainte allégresse, lorsqu'on devait le voir célébrer, l'entendre prêcher, lui dont la vue seule, dont la présence même en pensée, suffisaient pour jeter dans les âmes les puissants aiguillons de la vertu! Or, quand il prêchait, il n'avait point de ces paroles brillantes qui sonnent aux oreilles de l'auditeur pour flatter ses organes ou charmer son imagination, mais c'étaient des paroles énergiques qui entraînent malgré elles les âmes à la vertu et qui épouvantent salutairement le coupable pour le sauver. Aussi dans sa prédication, il avait plus de reproches pour la faiblesse que d'éloges pour la vertu, et il faisait verser plus de larmes qu'il ne provoquait de vains applaudissements. Il prêchait en effet plutôt sur l'utile que sur l'agréable, et ses matières favorites étaient les fins de l'homme, la mort, le jugement, les supplices de l'autre vie, et autres de cette nature, de sorte qu'il pouvait dire avec Paul, son maître : « Vous « savez que je n'ai rien déguisé de ce qui est utile, « mais, qu'au contraire, je vous l'ai enseigné publi- « quement et dans vos maisons, attestant aux Juifs « et aux Gentils la nécessité de la pénitence et de la « foi en Jésus-Christ. » Or, tout ce que Paul avait fait, Denys s'efforçait de l'imiter et de le reproduire, et on peut dire qu'il n'avait point fermé l'oreille à cette parole de son maître: « Soyez mes imitateurs, « comme je suis moi-même l'imitateur de Jésus-« Christ; » ni à cette autre adressée aux habitants de Philippes: « Imitez-moi, mes bien-aimés frères, et « suivez les traces de ceux qui marchent d'après nos « enseignements, selon notre modèle. » Or, ce modèle, qui le posséda mieux que Denys, qui le retraça non-seulement dans sa vie (ce qui put lui être commun avec d'autres disciples), mais même jusque dans sa mort, ce qui fut accordé à un bien petit nombre? Mais nous signalerons cela ailleurs, car pour le moment, nous devons traiter préalablement un autre sujet. Nous avons hâte, en effet, de parler de cette assemblée de Jérusalem, où le mérite éminent de Denys lui ménagea une place.

CHAPITRE VI.

DENYS A LE BONHEUR DE VOIR LA TRÈS-SAINTE VIERGE ET DE RECEVOIR SA DERNIÈRE BÉNÉDICTION, AU MILIEU DE L'ASSEMBLÉE DES APÔTRES.

Une marque de la bienveillance et de l'affection singulière de Dieu, à l'égard des serviteurs qui lui sont attachés par la foi et la charité, consiste, non seulement à les combler d'un bonheur infini dans le séjour des bienheureux, mais d'adoucir encore par des consolations inattendues, les peines et les amertumes de leur pélerinage sur la terre. C'est la conduite qu'a tenue la Providence à l'égard de plusieurs saints et, en particulier, envers Denys l'aréopagite. En effet, lorsqu'il eut méprisé les vains honneurs du siècle, dédaigné les dignités de l'aréopage, pour embrasser avec joie l'humble condition et les exigences humiliantes qu'impose la loi chrétienne; quand il se fut, à l'école du grand apôtre (auquel il s'était entièrement assimilé, selon l'expression de Michel Syngèle, dans son éloge de Saint-Denys), pénétré de l'esprit et de la doctrine apostolique; lorsqu'il eut donné à l'église d'Athènes des règles et des statuts empreints de la plus profonde sagesse, il éprouva, en échange de tous ces sacrifices, la consolation inappréciable de voir réunis en un seul lieu, tous les apôtres du divin maître alors dispersés en différentes contrées, et il eut l'insigne faveur de se trouver en présence de l'incomparable vierge mère (1). A ce moment où la Vierge allait quitter la terre, il y avait un pieux empressement de la part de plusieurs saints personnages, tels que Timothée et Hiérothée, pour aller contempler dans son corps mortel cette arche sainte et vivante du nouveau testament. Mais, ce qui est bien plus admirable, c'est que les apôtres dispersés pour lors parmi les différents peuples de l'univers, se trouvèrent tous réunis comme à un jour pris, auprès de cette couche virginale d'où la plus parfaite des créatures devait s'élever vers la patrie. Comment s'y trouvèrent-ils ainsi transportés des extrémités du monde? Apparemment ils arrivèrent sur les aîles des anges, comme le prophète Habaccuc et le diacre Philippe, ou bien portés à travers l'espace sur de légers nuages, comme plusieurs le pensent, ou bien encore selon une opinion plus commune, ils avaient reçu l'avertissement d'en-Haut, quelque temps à l'avance, de la fin prochaine de son pélerinage.

(1) Ceci est attesté par une tradition fort ancienne et par un passage d'un des ouvrages de Saint-Denys, le *Traité des Noms divins*, déjà interprêté ainsi par Juvénal, patriarche de Jérusalem.

La sainte Vierge était alors très-avancée en âge, comptant environ soixante-douze années d'existence. Après la diffusion rapide dans toutes les parties du monde, de la foi en Jésus-Christ, elle n'avait plus de motif qui l'obligeât à prolonger son séjour ici-bas, et elle devait céder aux désirs de son cœur maternel, en allant rejoindre son divin fils dans les demeures éternelles. Aussi c'était l'objet constant de ses ardentes prières, son âme se détachait de la terre et aspirait au Ciel, et elle conjurait Dieu de l'admettre, si telle était sa sainte volonté, à jouir de la place qu'il lui avait réservée; et le Seigneur condescendant à ses légitimes désirs, lui avait découvert, ainsi qu'à Jean son confident unique et son tuteur inséparable, le jour et l'heure où elle serait appelée au Ciel. Conformément aux volontés de la Vierge mère, Jean en avait informé aussitôt les apôtres, ses compagnons, les autres disciples du maître et tous ceux dont Dieu voulait exaucer les prières à ce sujet. Ainsi de tous côtés, on se rendait à Jérusalem ; ceux qui étaient éloignés comme ceux qui étaient dans le voisinage, se hâtaient vers la montagne de Sion où la Vierge et saint Jean avaient leur commune demeure. Comment peindre alors le bonheur de ces vieux amis, qui après une si longue séparation, pouvaient se revoir, se reconnaître et s'embrasser ! Quels saints baisers, quels doux embrassements ! qu'il était beau de voir les apôtres et les disciples du divin maître, entourés de leurs sectateurs, de leurs prosélytes, s'aboucher avec un plaisir indicible et épancher dans leur conversation, leurs regards et leurs embrassements, tous les sentiments d'amour que l'Esprit-Saint ranimait au fond de leurs cœurs. Ah! c'était bien sur Sion, que devait se passer cette belle scène de la charité apostolique: sur cette montagne sainte que la pluie et la douce rosée viennent rafraîchir en leur temps; sur cette montagne que foulèrent tant de fois les pieds sacrés du Sauveur; où l'Esprit-Saint se plaisait à répandre les prémices de ses dons dans les cœurs vertueux des premiers chrétiens; où les anges et la reine des anges eurent de si fréquentes entrevues; sur cette montagne enfin où de nos jours encore on retrouve en foule des âmes amoureuses de la sainteté et de la piété et qui aiment à la recueillir sur les traces de celle qui est leur mère et leur modèle.

Et cependant si la montagne de Sion mérite par elle-même de si pompeux éloges, que devrons-nous dire de la demeure elle-même et de cette couche sacrée où reposa la Vierge sainte? n'est-ce pas en effet de là même que cette montagne tient tous ses droits à la célébrité? elle n'a rien en effet, qui la recommande à l'amour du chrétien, plus qu'aucune autre montagne, si ce n'est qu'elle fut le séjour habituel du fils de Dieu et de sa mère. Que dire donc pour bénir dignement cette sainte demeure, comment faire ressortir les saints exercices de piété et de vertu auxquels s'y livra la mère de Dieu? quelles prières ferventes dans cet humble séjour! quelles sublimes contemplations! quels ravissements! quelles extases! mais aussi quels sages enseignements les apôtres y puisèrent!... combien ils y reçurent de grâces, de secours, de consolations et en un mot de dons parfaits en tout genre!

C'est dans cette demeure, fontaine intarissable de tous les biens, que Denys mérita d'entrer avec les apôtres. Il eut en outre l'inappréciable faveur d'approcher de la couche sainte de la reine des anges, de la voir et d'en être vu; il lui fut donné de contempler cette auguste face brillant de tout l'éclat des grâces célestes, d'entendre de sa bouche si pure des paroles plus douces que le miel, qu'il recueillit avidement et garda au plus profond de son cœur. O précieuses paroles! délicieux entretien! heureux Denys, qu'il te fut facile alors, au sein de semblables délices, d'oublier tes pénibles travaux et ces chagrins qui avaient abreuvé d'amertume ton âme courageuse! comme ils s'évanouirent bien vite de ton esprit, sans y laisser plus de trace que s'ils n'eussent jamais été. Ainsi les sept années que le patriarche Jacob avait passées au milieu des champs, à la garde de son troupeau, exposé aux intempéries des saisons, dévoré par les ardeurs du soleil, glacé par les froids de l'hiver, ces sept années ainsi passées, pour obtenir la main de la belle Rachel, ne lui paraissaient pas plus longues que quelques jours isolés et passagers, tant son amour les avait abrégés. De même le vertueux Denys, en contemplant la majesté pleine de modestie de la Vierge mère, oublia les longues et amères années d'un laborieux épiscopat, au point qu'elles lui parurent, non pas comme quelques jours de courte souffrance, mais comme si elles n'eussent jamais compté dans sa vie. Et lorsqu'il entendit cette Vierge aimante l'exhorter à continuer ses travaux à la vigne de Jésus-Christ, lui rappeler avec un accent et une grâce céleste, les couronnes réservées aux vainqueurs, alors son cœur de chrétien s'enflamma d'un incroyable amour, on eût dit qu'il n'était plus à lui-même. Enfin lorsqu'elle prononça le dernier Adieu, la dernière bénédiction d'une mère mourante, il s'humilia autant qu'il le put de corps et d'esprit, recevant avec des sentiments mêlés de joie et de douleur, ces dernières et précieuses paroles, il demeura quelque temps dans un respectueux silence et les autres apôtres imitèrent sa contenance. Pendant que la Vierge, portée sur l'aîle des anges, allait rejoindre son fils bien-aimé et s'asseoir au-dessus des trônes sublimes des séraphins, qui pourrait peindre les sentiments de douleur et de tristesse dont furent pénétrés les apôtres affligés!.. Sans vouloir rendre ici ce que l'esprit peut à peine concevoir, parlons du soin que les apôtres et saint Jean surtout prirent des funérailles. Ce fidèle confident, ce prudent économe de la maison de Dieu, n'omit rien de tout ce que l'on pouvait faire, laissant à d'autres la glorieuse et difficile mission de louer ce trépas incomparable; nous n'en parlerons ici que pour ce qui regarde la vie de Denys dont nous avons fait notre tâche.

Ainsi donc après que tout fut convenablement réglé pour les funérailles, on en vint aux prières et aux hymnes funèbres : car l'auguste assemblée voulut laisser aux siècles à venir le témoignage de tout ce qu'elle avait au cœur de piété et d'amour pour la mère du divin Maître. Oh ! que ne me fut-il donné de voir et d'entendre cet auguste sénat des apôtres, pareil à une assemblée de demi-Dieux !... qu'il dût être beau de les voir sous l'influence de l'Eprit divin, dévoiler par des accents surhumains, et sur le fils et sur la mère, des mystères ineffables, des merveilles inconnues, des faits absolument divins ! Il eût fallu entendre alors un saint Hiérothée, l'éloquent précepteur de Denys, qui au témoignage de ce dernier, n'avait pas son égal comme panégyriste, justifiant pleinement dans sa composition, comme dans son débit sentimental toute la portée du nom qu'on lui avait donné. Et Denys lui-même, qu'était-il au milieu de tout cela, lui qui se plait à relever le mérite des autres pour effacer le sien : son silence modeste à propos de lui-même et l'éloge magnifique qu'il fait d'Hiérothée, me prouvent assez, et plus qu'on ne le saurait faire, que toutes ces vertus dont il a été si juste appréciateur en son maître, étaient enracinées au fond de son cœur, et qu'en peignant les sentiments d'Hiérothée, il n'a fait que reproduire ce qu'il sentait en lui-même. C'est, en effet, un sentiment de bienveillance naturel aux âmes nobles d'attribuer à autrui les instincts de piété et de droiture qu'elles sentent en leur âme. Et si Denys nous apparait doué d'un mérite si supérieur en toute autre chose, comme ses écrits en font foi, combien ne dut-il pas briller avec avantage lorsqu'il s'agit de l'éloge de cette Vierge mère aussi digne d'amour que de vénération; alors surtout qu'il était comme il le dit, entièrement hors de lui-même, entièrement absorbé dans les sublimes contemplations dont son génie élevé faisait sa nourriture.

Il suffit, je pense, de ces détails sur l'assemblée des apôtres et sur les honneurs qu'ils rendirent à la vierge. Pour ce qui est de l'époque où ces évènements se passèrent, bien qu'il soit absolument secondaire et même méticuleux, alors qu'un fait est certain, de disputer sur la question du temps, nous pensons que cette mort eut lieu la cinquante-huitième année après la naissance de Jésus-Christ, et la deuxième du règne de Néron. Cette date repose sur le témoignage de Juvénal, évêque de Jérusalem, c'est-à-dire, de la ville même théâtre de l'évènement mémorable. Il y a douze cents ans (1), l'évêque dont nous parlons, répondant à l'empereur Marcien sur ce point, lui indique l'époque que nous avons donnée, et l'assure qu'il l'a connue par une tradition non interrompue à partir du trépas de la vierge, jusqu'au temps de son Pontificat. Voici quelle fut l'occasion de cette réponse. L'empereur Marcien, prince rempli de piété, avait

(1) L'auteur écrivait en l'an 1633 ; il faut donc ajouter aujourd'hui 230 ans à son chiffre et dire. *il y a plus de quatorze cents ans, etc.*

une épouse plus pieuse peut-être encore que lui-même, laquelle avait, à bon droit, le nom de Pulchérie, parce qu'elle était réellement belle devant Dieu. Pour répondre aux pressants désirs de sa sainte épouse, l'Empereur s'était mis en devoir de rechercher les vénérables reliques de la Vierge. Dans ce but, il fit venir en sa Cour le patriarche Juvénal, et les autres évêques de Palestine réunis alors au concile de Chalcédoine, et leur demanda si l'on pourrait encore retrouver le corps de la bienheureuse mère de Dieu dans le tombeau où il avait été déposé. Il leur soumit le projet qu'il avait formé de transférer ces saintes dépouilles dans un des trois temples magnifiques que l'Impératrice Pulchérie avait fait élever à la gloire de Marie, pour donner ainsi à la ville, par la possession de ces restes précieux, un gage de force et de salut. Le patriarche lui répondit qu'il n'était fait aucune mention dans les Ecritures, du trépas de la bienheureuse Vierge; mais que d'après une tradition aussi vraie qu'antique, les apôtres, à l'approche de cette mort, s'étaient réunis en sa demeure pour assister à ses derniers moments, et l'avaient inhumée avec honneur en chantant des hymnes d'actions de grâces auxquelles avaient succédé pendant trois jours les concerts des anges eux-mêmes autour du tombeau. Il ajoutait que le troisième jour après le trépas, les apôtres à la demande de Saint Thomas, avaient ouvert le sépulcre et n'y avaient plus trouvé que les linges funéraires exhalant une odeur des parfums les plus suaves, d'où ils avaient conclu que le corps de la sainte Vierge avait été préservé de la corruption du tombeau et enlevé au Ciel.

Il était en effet souverainement convenable que ce corps sacré sur lequel le péché n'avait jamais eu d'empire, fût exempt de la corruption qui est le fruit du péché. C'est ce privilége que célébrait le prophète roi en perçant de son regard prophétique, le voile obscur des âges : « Levez-vous, O mon Seigneur, disait-il, levez-vous pour aller au lieu de votre repos, vous et l'arche de votre sainteté. » C'est-à-dire, vous Seigneur, qui êtes le saint des saints, et avec vous aussi, l'arche gardienne de votre Sainteté, cette vierge mère qui vous a entouré dans son sein de chasteté et de pudeur, levez-vous tous deux exempts de toute corruption, pour prendre part à cette gloire incorruptible, à ce repos inaltérable dûs à votre Sainteté. Il était convenable que la terre souillée par la corruption, fruit de la désobéissance des deux premiers corps humain, offrit à Dieu dans ses jours de bonheur, ces deux tabernacles augustes, ces prémices de la pureté sans tâche, fruit d'une obéissance sans réserve.

Ainsi la Vierge reprenant sa dépouille mortelle, était remontée toute belle d'une pureté inviolée dans sa couche royale, et avait laissé vide cette couche vulgaire du tombeau ; mais je me trompe, elle n'était point tout-à-fait vide, car la présence des restes vénérables de la Vierge, l'avait remplie d'une sainteté peu commune. Le pieux empereur Marcien fit transporter ce tombeau, à défaut de la dépouille elle-même, et le fit placer dans le plus beau des temples de la vierge, à côté de l'autel.

Le bienheureux Juvénal, en énumérant les personnages qui figuraient avec les apôtres au décès de la sainte Vierge, n'eut garde d'omettre Timothée, Hiérothée et Denys. A propos de ce dernier, on pourrait me demander, s'il est vrai, comme quelques-uns le rapportaient, que frappé de la majesté plus qu'humaine de la sainte mourante, il aurait dit qu'il l'eût honoré comme une déesse, si la foi et la raison ne l'eussent retenu. Cette assertion ne me paraît point assez fondée pour la certifier, ni assez invraisemblable pour la réfuter : je laisse à d'autres l'examen de ces choses, et, reprenant le fil de mon histoire, je vais suivre pas à pas Denys retournant au milieu de son troupeau (1).

(1) Le fait de la présence des Apôtres à Jérusalem, à l'exception toutefois de Saint Jacques-le-Majeur, qui fut martyrisé auparavant, a été non seulement admis, mais peint, sculpté, reproduit de mille manières dans tout le cours des siècles qui nous ont précédés. C'est, on peut le dire, une des scènes que l'art chrétien, dans ses diverses formes, s'est plu surtout à mettre sous les yeux des fidèles, soit aux vitraux des églises, soit aux images en relief qui entourent les chœurs des cathédrales, soit sur les pages non moins admirables des riches manuscrits peints en or et en couleurs. Les tapisseries, les peintures sur bois et sur toile, ont aussi reproduit à l'envi ce fait particulièrement rempli de hauts enseignements et que la piété a toujours vivement affectionné.

CHAPITRE VII.

DENYS, A SON RETOUR DE JÉRUSALEM, SE LIVRE AUX OCCUPATIONS DE SON PONTIFICAT. — SES COURSES APOSTOLIQUES.

Après avoir rendu à la vierge mère les derniers devoirs de la piété, chacun des apôtres obéissant à un instinct sacré et connaissant d'ailleurs ses occupations impérieuses, songea à quitter Jérusalem. Denys, rempli de divines consolations et de dons célestes, se disposa pour le voyage. Il avait eu le bonheur de contempler une merveille insigne et unique dans le monde par sa grandeur, merveille que tant de personnages avaient désiré voir et que si peu avaient vue. Et non seulement il avait pu la voir, mais en la voyant, en l'entendant, il avait ranimé à ce foyer divin les flammes du saint amour, il avait respiré le parfum de ses vertus, et il se retirait avec le cœur plein d'immenses désirs pour la propagation de l'évangile.

Il avait eu aussi de fréquents entretiens avec les apôtres sur les mystères les plus élevés de la foi, et il avait retiré de ces saints colloques de si précieux fruits d'édification et de zèle, qu'il m'est impossible d'en donner une idée avec les formes bornées du langage humain. Aussi son cœur apostolique, livré à ces ardeurs célestes, et considérant comme peu de chose tout ce qu'il avait fait jusque-là, conçut-il alors des projets beaucoup plus vastes.

Les triomphes de la foi dans toutes les parties du monde rapportés avec complaisance par les autres apôtres, ne le laissaient plus dormir. Il y pensait toujours en lui-même et, à chaque instant du jour et de la nuit, cette pensée l'animait à de semblables conquêtes. Dans ce but, il disposa l'itinéraire de son retour à Athènes, de manière à faire un long trajet et à gagner le plus d'âmes possible à Jésus-Christ; il prit en outre la résolution d'aller à son retour, après avoir tout réglé et tout affermi, en d'autres lieux, plus abandonnés des lumières de la foi, et qui par suite avaient plus besoin de ses enseignements.

A son retour donc au milieu de ses fidèles, voyant qu'ils le considéraient non plus en quelque sorte comme un homme, mais comme un ange descendu des cieux, et qu'ils l'aimaient d'une manière toute particulière, il en conçut un favorable espoir pour l'accomplissement de ses desseins. Il commença par les rassembler plus fréquemment et leur enseigner ce qui était à la fois le plus nécessaire et le plus utile; il s'attacha donc aux préceptes de foi, les répéta à tout instant, en s'efforçant de les inculquer à ceux de sa maison; et comme la foi serait vaine et inutile sans les œuvres, il s'efforça de faire correspondre la probité des mœurs à la pureté de la croyance. Pour atteindre ce résultat il avait soin d'enseigner les devoirs réciproques de chacun : ceux des parents à l'égard de leurs enfants, comme ceux des enfants à l'égard de leurs parents; des maîtres envers leurs serviteurs et des serviteurs envers leurs maîtres ; des époux envers leurs épouses et réciproquement. Il enseignait enfin aux veuves, aux vierges, aux célibataires, quels devaient être les désirs de leurs cœurs et les motifs de leurs actions; il suivait en cela non seulement les avis, mais encore les exemples des apôtres. Il n'était pas d'ailleurs sans comprendre que le bien-être de l'Eglise, sa force intérieure pour résister aux assauts des ennemis, et sa prospérité dans le temps, dépendent ordinairement de l'ordre et de la discipline dans le clergé. Il donna donc à tous les membres de ce corps un tableau exact de toute la doctrine et (selon la stricte obligation que Paul en faisait à Tite et à tous les évêques), se donna lui-même *comme le modèle des bonnes œuvres à accomplir*. Le but de ses efforts était aussi de laisser à sa chère Eglise des successeurs tels qu'il était ou voulait-être lui-même. Obtenir en effet, pour l'Eglise, cet heureux résultat, c'est lui rendre un service non moins signalé que de convertir à la foi une province entière, et je n'hésite pas à dire que Saint-Paul, par exemple, en formant si heureusement dans la personne de Denys, ce pontife selon le cœur de

Dieu, fit plus pour le bien de l'Eglise que s'il eût amené dans son sein plusieurs contrées infidèles.

N'est-ce pas ce même Denys en effet qui conquit à la foi l'Attique dans toute son étendue, sans que le besoin de la présence de Paul s'y fît sentir de nouveau ? N'est-ce pas Denys qui acheva d'éclairer et d'instruire une foule de provinces où l'apôtre n'avait fait que jeter en passant les principes des vérités chrétiennes? n'est-ce pas lui enfin qui gagna à J.-C. une partie importante des Gaules et, par ses prédications ou celles de ses prêtres, une partie non moins considérable de l'Espagne ?... C'était donc, pour en revenir à mon idée, une sage mesure de la part du saint Prélat, que de porter particulièrement ses soins sur le membre qui a les principales fonctions dans le corps de l'Eglise, c'est-à-dire, la sainte hiérarchie, en lui donnant une constitution et une discipline aussi parfaite que possible.

Ce fut surtout un point tout particulièrement recommandé : que chaque ordre inférieur fût soumis à l'ordre supérieur et que l'ordre le plus élevé fut éga lement soumis au pouvoir et à l'ordre suprême de la hiérarchie (selon que le prescrit la loi tout à la fois naturelle et divine) ; que personne parmi les membres de la hiérarchie n'eût la téméraire audace d'attenter à l'autorité de ses supérieurs ; et s'il arrivait que quelqu'un s'oubliât au point de contrevenir à l'une de ces recommandations, Denys en était singulièrement affecté et, bien que naturellement porté à la douceur, il ne laissait pas dans ces circonstances de sévir contre le coupable par de sévères réprimandes. Nous en avons un exemple dans ce qu'il fit à l'égard du moine Démophile.

Ce Démophile appartenait à la classe des laïques qui, faisant profession d'une plus grande piété et renonçant volontairement à toutes les choses de ce monde pour se vouer exclusivement au service de Dieu, avaient reçu le nom de servants, *cultores* ou de moines. Démophile en sa qualité de laïque était donc inférieur non seulement aux prêtres, mais aux diacres eux-mêmes, et il n'eût jamais dû l'oublier. Mais cédant aux inspirations séduisantes d'un zèle imprudent, il perdit de vue la vérité et la justice, et osa s'élever insolemment contre un prêtre. Se figurant que ce prêtre avait trop d'indulgence pour les coupables, il le lui reprocha comme un crime : il alla même jusqu'à repousser un pénitent qui venait faire l'aveu de ses fautes et en demander le pardon aux pieds du ministre; et après l'avoir ainsi violemment repoussé, il entra contre tout droit dans le sanctuaire, et sans considérer que le prêtre y avait plus de droit que lui, il l'en chassa honteusement en l'accablant de reproches.

Denys connut bientôt ce qui s'était passé, tant par les lettres du prêtre outragé que par celles mêmes de Démophile, et sa sainte âme en fut profondément affligée. Il faut avouer que la gravité du fait était bien de nature à provoquer sa douleur. Quelle ne fut pas sa juste indignation de voir troubler ainsi l'ordre établi entre les divers membres du corps de l'Eglise, de voir un moine jouet des illusions sataniques scandaliser les fidèles par son aveugle et intraitable hauteur; de l'entendre appeler zèle l'outrage fait à un prêtre; devoir et piété, le désordre introduit dans la sainte hiérarchie! Tant il est vrai de dire que l'orgueil, dès qu'il parvient à s'insinuer furtivement dans les âmes vertueuses, éteint en elles tout sentiment de vertu et de véritable sagesse.

Que fera le saint évêque en une circonstance pareille?.. Appelé en d'autres lieux par les besoins impérieux de la Religion, il avait à cette époque quitté son siège d'Athènes, et son absence ne lui permettait pas de punir le coupable de la manière qu'il le désirait ni selon que la faute elle-même le demandait. Néanmoins se rappelant l'exemple du bon pasteur qui, ayant perdu une brebis, laisse les quatre-vingt-dix-neuf autres dans le désert, pour courir après la centième qui s'est égarée; il fit trève un instant à ses occupations et à sa sollicitude du moment pour s'occuper de ramener aux lumières de la saine raison cette intelligence égarée. Dans ce but, il écrivit à Démophile une lettre fort longue, parce que la charité qui la dictait était inépuisable; une lettre beaucoup plus savante encore qu'elle n'est longue et qui est on ne peut plus digne des deux personnes qui étaient en cause. Le mérite de cette lettre étant si grand, la lecture n'en saurait être que très-utile, c'est pourquoi je ne ferai point difficulté de citer ici tout au long l'exemplaire que j'ai sous la main; d'autant plus que, outre la connaissance qu'on y acquiert de l'esprit élevé du saint docteur et de sa doctrine toute remplie de l'esprit des lettres sacrées, le lecteur y pourra puiser comme à la véritable source, trois grands enseignements qu'il y trouvera peints de même qu'en un tableau fidèle avec cette vivacité de couleurs que la foi de l'évêque donnait à toutes ses pensées. Il verra combien la vertu de douceur est agréable et précieuse aux yeux de Dieu; combien d'un autre côté c'est un péché énorme et digne des plus grands supplices que celui de l'audacieux qui s'ingère dans le ministère d'autrui. Il y verra surtout combien Dieu montre de bonté, de patience, de longanimité et de commisération pour les pécheurs. A propos de cette dernière vertu, Denys rapporte un exemple très-intéressant qui, après ceux de l'Evangile et des actes des apôtres, est bien le plus ancien et le plus efficace que je connaisse pour ramener les hommes aux sentiments de pitié et de commisération. Hâtons-nous donc de mettre sous les yeux du lecteur une lettre qui contient de si salutaires remèdes pour les faiblesses humaines.

CHAPITRE VIII.

LETTRE DE REPROCHES QU'ADRESSE DENYS A DÉMOPHILE LE SERVANT OU LE MOINE, PARCE QU'IL EST SORTI DE SES ATTRIBUTIONS ET A MÉCONNU LA SAINTE VERTU DE DOUCEUR.

Denys à Démophile le Thérapeute, Salut.

Les histoires des Hébreux, ô illustre Démophile, en nous montrant Moïse, le saint conducteur d'Israël, favorisé du privilège insigne de la vue de Dieu, nous font remarquer qu'il était redevable de ces faveurs célestes à la rare douceur de son âme : et quand ils le montrent privé de cette vue de Dieu, ils ont soin de signaler que c'est pour s'être désisté de ses habitudes naturelles de douceur, et qu'alors s'arrogeant plus de droits qu'il n'en avait et s'opposant aux desseins de Dieu, il avait provoqué son indignation et son juste courroux. Veulent-ils au contraire le relever à nos yeux, par l'éclat des distinctions dont Dieu l'entoure, ils n'oublient point de dire qu'il s'est attiré ces précieux avantages par l'imitation aussi parfaite que possible de la bonté et de la douceur de Dieu. Moïse était en effet d'une grande douceur, ce qui lui avait mérité avec le surnom de Serviteur de Dieu, ses entrevues divines dont aucun prophète ne fut honoré autant que lui. Des audacieux avaient osé s'élever contre lui et Aaron, et leur disputer la dignité souveraine dans le sacerdoce comme dans le gouvernement du peuple ; Moïse fit voir qu'il était supérieur à toute ambition pour le gouvernement comme pour tous les autres honneurs, et s'en remit au jugement de Dieu pour décider à qui appartiendrait le commandement du peuple. Mais les rebelles ne se tinrent pas pour satisfaits : se soulevant de nouveau contre lui, ils vinrent l'accabler de reproches sur sa vie passée, et ils allaient l'assaillir de leurs coups. Ce n'est qu'à cette extrémité que Moïse appela Dieu à son secours; et il le fit alors avec d'autant plus d'assurance qu'il savait bien n'être aucunement la cause des maux qui affligeaient ses sujets.

Le sage prophète comprenait trop que quand on est toujours en la présence d'un Dieu infinement bon, on doit s'efforcer de lui devenir semblable, et ne jamais rien faire qui ne soit digne, noble et généreux. Qu'est-ce, en effet, qui rendit *David ce père de Dieu,* si agréable aux yeux du Tout-Puissant, n'est-ce pas sa douceur et sa charité à l'égard même de ses ennemis?.. J'ai trouvé (s'écrie l'auteur de toute bonté, l'ami des bons), j'ai trouvé un homme selon mon cœur. La loi qui fut donnée était bonne; elle prescrivait de prendre soin des bêtes de somme de son ennemi. Jacob était bon; et c'est pour sa persévérante douceur qu'il fut justifié. Joseph était bon: et il ne voulut point voir dans sa famille des traîtres, mais des frères. Abel, l'innocent Abel, se promenait avec son frère fratricide, et, dans sa bonté, il ne le soupçonna point capable d'une intention criminelle. En un mot, les saintes Ecritures appellent bons, ceux qui ne font ni ne projettent le mal, qui, loin de se laisser détourner du bien par les influences perverses des autres, savent, au contraire, les rendre bons par leurs exemples, en épanchant, pour ainsi dire, sur eux, tout ce qu'ils ont au cœur de suave bonté, et en les forçant par le charme secret de leur douceur à les admirer, puis à les imiter.

Mais portons plus haut nos regards: je ne veux plus vous parler, ô Démophile, de la douceur des saints personnages des premiers temps, ni de la bonté que prêchent partout les anges de Dieu, eux qui ont piti des gentils, qui demandent pour eux les *bonnes* grâces de Dieu, qui reprennent les malfaiteurs et les pervers, qui s'attristent sur le mal des uns, sur le bien que les autres embrassent; non je ne veux plus, Démophile, vous parler même de tous ces bienfaits dont les saints anges, selon la théologie, nous donnent tous les jours d'insignes exemples. Il y a ici plus que tout cela: il y a l'exemple de Jésus-Christ lui-même; c'est devant lui que je veux vous placer, devant ce Jésus le modèle le plus parfait de la bonté et de la douceur.

Etablissons le calme dans nos âmes, et à la faveur des rayons lumineux de ce soleil éternel, élevons-nous à la hauteur de ses divins bienfaits. Voyez, n'est-ce pas de sa part une bonté ineffable, inimaginable, de faire que ce qui n'était pas soit; que ce qui est, soit conservé et pour toujours; que tout soit frappé du sceau de sa ressemblance, et qu'il se traduise ainsi lui-même dans ses biens selon la nature de chacun d'eux?... S'il en est qui s'éloignent de lui, il s'attache à leur suite avec une aimable opiniâtreté, s'efforce de triompher de leur résistance et, pour mériter leur société, il daigne demander ce qui leur plaît, ce qui leur est à souhait. Il va même jusqu'à supporter leurs accusations, s'excuser et promettre qu'à l'avenir il sera plus attentif à mériter leur amitié. Ainsi, par ces procédés, il court au-devant de ceux qui tendant vers lui, sont encore néanmoins dans le lointain ; il va à leur rencontre, les saisit dans ses bras et les couvre de ses embrassements; point de reproche, ni de retour amer sur le passé, mais l'amour dans le présent, les transports de la joie, une fête continuelle à laquelle il convie ses amis, c'est-à-dire les bons, *afin que ce soit la fête de tous ceux qui se réjouissent.*

Ainsi donc, que Démophile ou tout autre qui comme lui s'irrite contre les bons, reçoive ici un blâme bien mérité, dans les paroles du prophète; qu'il apprenne par ces exemples à connaître ce qui est bien, qu'il apprenne à être bon. Car, comme dit l'évangéliste, celui qui est bon pouvait-il ne pas se réjouir du salut de ceux qui s'étaient perdus, et de la résurrection de ceux qui étaient morts! Oh! qu'il lui tardait, au contraire, de mettre sur ses épaules cette brebis heureusement rappelée des sentiers de l'erreur! Il ne peut pas s'en réjouir assez lui-même, il invite les bons anges à partager sa joie. Mais le prodige de sa bonté, c'est qu'il la témoigne même aux ingrats, *qu'il fait lever son soleil sur les bons et les méchants*, et qu'il donne sa vie même pour ceux qui passent à son ennemi. Mais vous, ô Démophile, pensez-vous et agissez-vous de la sorte?

Si j'en juge par vos lettres, ayant trouvé aux pieds d'un prêtre, un impie dites-vous et un pécheur, vous l'avez chassé en le frappant brutalement du pied. Il vous suppliait et vous répétait qu'il était venu chercher un remède à ses maux; et vous, loin d'en avoir pitié, vous avez audacieusement outragé et insulté le bon prêtre, ce prêtre qui croyait le pénitent digne du pardon, et reconciliait le pécheur à Dieu. Vous avez dit à ce prêtre, « sors d'ici avec tes semblables » et à ces mots (oh! le crime audacieux!...), vous élançant dans le sanctuaire, vous avez profané le saint des saints, puis vous venez nous dire : *Les choses saintes allaient être violées, j'ai voulu prévenir cette profanation et je les conserve dans toute leur sainteté.*

Or, écoutez ce que je vais vous dire, ô Démophile, sachez qu'un prêtre ne peut jamais être repris par ceux mêmes de votre ordre qui vous sont supérieurs; quand même il paraîtrait traiter en impie les choses de Dieu, ou faire toute autre action défendue. Car, si c'est violer les lois et les règlements que d'agir dans le culte sacré d'une manière irrévérencieuse et blâmable, d'un autre côté quelle raison, je vous prie, peut-on invoquer pour troubler en vue de Dieu l'ordre que Dieu lui-même a établi?.. Notre Dieu n'est pas divisé, autrement comment son royaume subsisterait-il?.. Et si, d'après les Ecritures, le jugement appartient à Dieu, sachez encore, que les prêtres, après les évêques, sont les organes et les interprètes légitimement constitués des jugements de Dieu: c'est d'eux, ô Démophile, d'eux-mêmes (qui vous ont fait ce que vous êtes) que vous avez à recevoir les enseignements divins conformes à votre état et qu'ils vous transmettront par les ministres intermédiaires en temps opportun. N'est-ce donc point là ce que vous proclament nos sacrés mystères?... Ce n'est pas sans raison, croyez-le-bien, que l'entrée du saint des saints n'est pas un droit commun: l'ordre des évêques y prend place avant tout autre; puis vient l'ordre des prêtres et à leur suite les ministres inférieurs. Les grilles du sanctuaire séparent les moines des ministres sacrés: ils sont placés près de ces grilles, non point pour les garder, mais pour se souvenir de la place qu'ils occupent dans le corps de l'Eglise; pour ne point oublier que leur ordre les rapproche plus du simple peuple que des ordres sacrés. Ainsi, d'après l'ordre divinement établi, les ministres sacrés deviennent participants des saints mystères, et ils ont mission de les enseigner à tous ceux qui se trouvent dans l'intérieur de l'Eglise.

Et ces dispositions ont leur raison évidente. Ceux, en effet, qui assistent de si près à la célébration du Saint-Sacrifice, y reçoivent plus clairement les communications et les révélations divines ; il est juste qu'alors, l'esprit de charité les dirigeant, ils aillent hors du sanctuaire, communiquer, en vertu de leur dignité, les inspirations de Dieu aux moines dociles, au peuple saint, et aux ordres qui expient encore leurs fautes dans les larmes de la pénitence. Hors ce cas, jamais des voiles saints ne s'ouvraient, cette clôture mystique avait toujours été jusque-là religieusement respectée. Vous vous réserviez donc, ô Démophile, le triste privilége de cette profanation, lorsque vous élançant dans le sanctuaire malgré cette barrière sacrée, vous forçâtes, pour ainsi dire, les saintes espèces de quitter le tabernacle, en commandant qu'on les portât avec pompe dans votre maison. C'est là apparemment ce qui vous fait dire que vous possédez et conservez les choses saintes.

Mais en vérité, Démophile, vous n'avez rien vu, rien entendu, vous ne possédez rien qui n'appartienne de droit aux prêtres. En vérité encore, vous ne comprenez point le vrai sens des écritures, bien que tous les jours vous en fassiez le sujet de vos disputes, au grand scandale de vos auditeurs. Et que diriez-vous si le chef d'une province se permettait une nouveauté que l'Empereur n'a point mise dans ses attributions? Cet abus de pouvoir ne mériterait-il point une juste punition? Ou encore, si l'Empereur trouvait bon de condamner un coupable ou de lui faire grâce, et qu'alors un des sujets du monarque osât infirmer le jugement (je n'ose faire la supposition d'une injure directe), ne s'en suivrait-il pas que ce sujet rebelle a contesté par cet acte le pouvoir même du souverain et a semblé vouloir le détrôner? Et cependant ô homme injuste, c'est là ce que vous avez fait.... Oui, c'est vous qui avez osé vous élever contre votre seigneur si doux et si bon et contre le pouvoir législatif qu'il a déposé dans ses prêtres!...

Et sachez bien qu'on est en droit de parler ce langage, même à quiconque, méconnaissant les bornes de son autorité, entreprend de les violer dans l'intérêt de la justice, car jamais il ne peut être permis à qui que ce soit, d'outrepasser ses pouvoirs. Quel si grand crime, autrement, eût commis Ozias en brûlant de l'encens devant Dieu, Saül en lui offrant un sacrifice. et ces démons qui proclamaient la divinité de Jésus-Christ?... Mais les saints livres repoussent et condamnent les tentatives de ceux qui s'ingèrent dans le ministère d'autrui. Chacun, disent-ils formellement, restera dans l'ordre de son ministère: le Pontife seul entrera dans le saint des saints, et seulement une fois l'année. Encore, le fera-t-il d'après la loi, avec toute la pureté que doit avoir un Pontife. Les prêtres portent les choses saintes et les lévites *se garderont de toucher aux vases du sanctuaire, crainte de mort. Le Seigneur fut transporté d'indignation contre Ozias et Marie fut frappée de lèpre,* parce qu'elle avait voulu faire la loi au législateur. *Les démons se précipitèrent sur les fils de Sceva. Je ne les avais pas envoyés, ces hommes, et cependant ils y couraient d'eux-mêmes: Je ne leur avais point parlé et ils prophétisaient. Et le téméraire qui m'immole un bœuf ne m'est pas plus agréable que s'il m'immolait un chien immonde.* Et pour tout dire en un mot, la justice souveraine de Dieu ne peut soutenir la vue de ceux qui transgressent la loi. Ils ont beau dire : *C'est en votre nom que nous avons multiplié les prodiges ;* il leur sera répondu: *je ne vous connais pas,* retirez-vous de moi, instruments d'iniquités.

C'est un crime, il est vrai, de ne point traiter les bonnes choses selon leur dignité, mais il est aussi prescrit à chacun de ne s'occuper que de ce qui regarde son état, sans porter ses vues ni plus haut, ni plus bas. Qu'avez-vous à répondre à cela? Je vous entends, Démophile, vous écrier avec indignation : Ce sera donc inpunément que les prêtres afficheront l'impiété et commettront le désordre ? et parce que la loi les élève, ils auront le droit de déshonorer Dieu par leurs prévarications? Mais alors comment seront-ils les interprètes de Dieu ? Comment annonceront-ils au peuple les vertus divines s'ils en méconnaissent l'efficacité, comment répandront-ils la lumière en se plongeant dans les ténèbres? Comment enfin communiqueront-ils l'esprit de Dieu, si par leur conduite, et par défaut de conviction, ils ne manifestent point leur foi en cet esprit de vérité ?

Voici ce que je crois devoir répondre : car enfin, Démophile n'est point pour nous un ennemi, et je ne puis souffrir qu'il devienne la proie de Satan.—Chaque ordre ayant rapport à Dieu, obtiènt une plus oü moins grande dignité à proportion qu'il s'approche ou s'éloigne d'avantage de la majesté souveraine ; de même que les corps placés près de la lumière, en reçoivent une plus grande quantité et sont plus propre à la réfléchir. Et il faut entendre ici, non une proximité quant au lieu, mais quant au ministère, c'est-à-dire dans ses rapports plus ou moins immédiats avec les saints mystères. Je dis donc que l'ordre des prêtres recevant la faculté d'éclairer et n'éclairant pas, est un ordre qui renie sa dignité et son caractère sacerdotal : et tout homme qui est dans cette disposition, me paraît le plus téméraire et le plus aveugle des hommes s'il accepte un ministère sacerdotal, s'il ne tremble et ne recule devant les profanations, s'il pense cacher à Dieu ce qu'il connaît lui-même, s'il trompe audacieusement ou croit tromper celui qu'il appelle son père ; s'il ose de sa bouche coupable proférer les paroles (je ne dirai point les prières) que J.-C. a prononcées pour célébrer les divins mystères : Celui-là n'est pas prêtre, non, il ne l'est pas ; c'est un ennemi, c'est un fourbe qui se séduit lui-même, c'est un loup couvert d'une peau de brebis et qui va dévorer le peuple fidèle. Et cependant je maintiens encore qu'il n'est pas permis à Démophile de le reprendre.

Si, en effet, l'Ecriture ordonne de traiter avec justice les choses justes, c'est assurément réaliser ce précepte que de distribuer les fonctions en raison des dignités, et d'en limiter pour chacun l'exercice dans les bornes respectives de sa position et de son ordre. Ainsi il est juste d'accorder aux anges ce qui est convenable à leur rang élevé; mais il ne nous appartiendrait pas, ô Démophile, de régler leurs droits et leurs immunités, puisqu'au contraire c'est par leur direction que nous devons recevoir et régler les nôtres. Les anges, à leur tour, sont sous la direction d'esprits d'un ordre supérieur, et pour parler d'une manière générale, en tout ordre de choses, les pouvoirs et les emplois sont distribués par les puissances supérieures aux subalternes, d'après la sage économie que la Providence établit dans le monde. Donc, ceux qui sont placés par Dieu pour commander aux autres, doivent régler les attributions légitimes de leurs inférieurs.

Ainsi, que Démophile assigne désormais à la raison, à la colère et à la passion leur rang et leur rôle respectifs : qu'il conserve à la raison son haut domaine, en laissant les puissances inférieures de son être dans la sujétion légitime de leur condition.

Je suppose que vous promenant sur la place publique, vous voyiez un serviteur et son maître, un jeune homme avec un vieillard, ou même un fils avec son père, se charger d'injures et de coups, ne vous croiriez-vous pas obligé, en vertu d'une loi naturelle d'humanité, de justice, à courir pour porter secours à ceux qui sont les plus dignes, (bien que peut-être ils soient ceux-là mêmes qui ont provoqué la lutte par leurs injures)? D'où vient donc que nous ne rougissons aucunement de voir la raison supplantée par la colère, et la passion dépossédée violemment de son légitime empire ; ni de voir par suite régner en nous la confusion, la révolte et le sacrilége, renversement de l'ordre que la main de Dieu y avait établi? C'est donc assurément avec une grande sagesse que notre bienheureux législateur ne veut point qu'on confie la direction de l'Eglise à celui qui ne sait point diriger sa maison : car quiconque sait se bien gouverner lui-même, peut en gouverner un autre; s'il peut en diriger un autre, il peut diriger une maison; si une maison, une ville ; et si une ville, également un peuple, pour tout dire en un mot, comme l'Ecriture : *Celui qui est fidèle dans les petites choses, l'est dans les grandes, et celui qui est infidèle dans les petites, l'est pareillement dans les grandes.*

Dictez donc vous-même à la raison, à la passion et à la colère, leurs devoirs et leurs fonctions respectives ; pour vous, vous devez recevoir les vôtres des ministres inférieurs de l'Eglise de Dieu, ceux-ci des prêtres, les prêtres des pontifes, et les pontifes des successeurs des apôtres ou des apôtres eux-mêmes.

Que si quelqu'un s'écarte de son devoir, il en sera repris par ses frères de même ordre que lui, sans l'intervention d'un autre ordre, chacun devant rester dans sa classe propre et dans son ministère spécial. Voilà, Démophile, ce que j'avais à vous dire pour vous rappeler quels sont vos devoirs.

Venant maintenant à vos actes de brutale inhumanité à l'égard de cet homme que vous appelez pécheur et impie, en vérité, cher enfant, je ne sais où trouver des larmes pour pleurer assez votre déplorable égarement. Car, de qui donc, Démophile, vous avons-nous fait le servant? N'est-ce pas de celui qui est bon par excellence? Or, il faut avouer nécessairement que par votre conduite vous le reniez, vous nous désavouez nous et notre religion. Désormais, il nous faut chercher un autre Dieu, d'autres prêtres auprès desquels vous pourrez faire l'apprentissage de la pétulance plutôt que de la perfection, et devenir un implacable ministre d'inhumanité. Et en effet, nous-mêmes avons-nous acquis une sainteté parfaite, n'avons-nous pas besoin comme ce pécheur de la clémence et de la miséricorde divine ; n'avons-nous pas plutôt, comme le dit l'Ecriture, *des péchés doubles*, ne serions-nous pas peut-être semblables à ces impies qui vantent leur innocence parce qu'ils sont aveuglés sur leurs fautes?

Oh ! sans doute, le Ciel témoin de votre crime en frémit d'horreur, et le souvenir m'en glace encore le sang dans les veines; je ne croirais pas à ma mémoire si je n'avais là votre lettre, et si je ne l'avais encore sous les yeux présentement, jamais je n'aurais voulu croire aux assertions de ceux qui seraient venus me dire : Démophile ne croit pas que ce Dieu dont la bonté reluit partout, soit un Dieu de douceur et de pardon ; il ne croit pas avoir besoin pour lui-même de sa miséricorde pour opérer son salut, il va même jusqu'à prétendre dégrader les prêtres qui, dans leur bonté daignent supporter les faiblesses du peuple, se souvenant qu'eux-mêmes sont entourés de fragilités et de misère. Voilà néanmoins, ô Démophile, ce qui vous est arrivé, voilà votre conduite.

Telle ne fut point cependant celle du divin maître, du chef des pontifes, qui pour nous donner une preuve éclatante de sa charité a voulu que le gouvernement de son cher troupeau fût tout de douceur et de mansuétude. Nous l'entendons appeler *méchant serviteur*, celui qui n'a point voulu remettre la dette de son frère, ni lui accorder aucune part aux faveurs du maître. Aussi le Seigneur le dévoue-t-il à son instinct d'inhumanité ; ce qui certes, est bien à redouter pour vous comme pour moi. Le divin Sauveur, près de mourir, obtint le pardon de son père pour les bourreaux persécuteurs : il réprimanda ses disciples de ce qu'oubliant la miséricorde, ils osaient faire appelle à sa justice en le priant de condamner l'impiété des Samaritains qui les chassaient de leur ville. Et vous, Démophile, vous répétez cent fois dans votre lettre que ce n'est point vous-même, mais Dieu que vous avez vengé.

Mais dites-moi, je vous prie, fait-on le bien par le

mal ? Loin de nous cette perverse doctrine ! *nous n'avons point un pontife qui ne sache compâtir à nos infirmités ;* mais il est innocent tout à la fois et miséricordieux, *et n'entrera pas en contestations et ne s'emportera point en paroles ;* mais c'est la douceur même, et *il se fait victime de propitiation pour nos péchés*. En vous jugeant, Démophile, par cette doctrine et ce modèle, je ne pense pas que votre exemple soit bien digne d'envie ni d'imitation. En vain me répéteriez-vous surabondamment la conduite d'Elie et de Phinées : je vous répondrai que les disciples ne firent ces allégations au Sauveur que parce qu'ils n'avaient point encore reçu l'esprit de douceur ; et que Jésus ne l'entendit qu'avec déplaisir : *Car notre divin Maître reprend avec retenue ceux qui résistent*. Il faut en effet éclairer les ignorants et non les punir, de même que l'on ne punit point l'aveugle parce qu'il ne voit pas, mais qu'au contraire on lui donne la main pour le conduire. Et vous, Démophile, rencontrant un homme qui commençait à lever les yeux vers le ciel, vous l'avez repoussé en lui donnant un soufflet et le frappant audacieusement du pied (quel titre de gloire !) et vous ne vous êtes point soucié que cet homme même, Jésus-Christ avait dans sa bonté véritable, erré sur les montagnes à sa recherche, l'appelant par ses accents de tendresse et le rapportant sur ses épaules au bercail de la vérité, au tribunal du pardon ?

Ah ! je vous en conjure songeons mieux à nos intérêts et gardons-nous de tourner le glaive contre nous-mêmes. Car ceux qui ont eu en vue d'être utiles ou de nuire à quelqu'un, n'ont pas toujours vu l'évènement couronner leurs espérances; mais attirant souvent par là sur eux-mêmes ou la malveillance ou la faveur, ils se sont vus comblés de vertus divines ou affligés de cruelles douleurs contre leur attente.

Les bons, toujours dans la compagnie des anges, tant sur la terre que dans le ciel, ont toujours la paix de l'âme; les maux qui envahissent le monde ne les atteignent pas; ils se reposent continuellement dans leur fin dernière; et Dieu met le comble à leur bonheur en se donnant à eux pour toujours. Les méchants, au contraire, n'ont de paix en eux-mêmes, ni en Dieu. Ici bas comme dans l'autre vie, ils sont dans l'odieuse société des démons. C'est pourquoi nous devons, pendant que nous jouissons de l'amitié et de la présence du bon Dieu, nous efforcer de passer ainsi toute notre vie dans sa grâce, de peur qu'au dernier jour nous ne soyons rangés du côté des méchants pour y recevoir une juste et terrible récompense. C'est là le malheur que je redoute le plus, et dont je prie Dieu de me préserver. »

Jusqu'ici l'autorité des saints livres et les arguments de raison, (qui sont comme les deux arsenaux où l'on va prendre des armes pour combattre toute sorte de vice et d'erreur), ont été employés par Denys pour rabattre l'arrogance présomptueuse de ce moine aveuglé; dans ce qui suit, il s'attache surtout à lui faire mieux sentir la gravité de sa faute et à lui faire pleurer son péché dans l'amertume de son cœur : se servant à cet effet, d'un exemple très-salutaire (que les bons orateurs ne perdent pas aisément de vue), il termine ainsi ses avertissements :

« Si vous me le permettez, dit-il, je vous tracerai ici la vision qu'eut un saint homme de ma connaissance : seulement, gardez-vous d'en rire, car c'est une pure vérité. Dans un de mes voyages sur mer, j'abordai un jour en l'île de Crête, je reçus l'hospitalité chez saint Carpus, homme digne, s'il en fut jamais, des visions célestes, à cause de l'étonnante pureté de son âme. Il ne célébrait jamais les redoutables mystères qu'il n'en eut préalablement reçu la permission de Dieu lui-même dans une vision. Or, il arriva que le saint homme eut un jour un grand chagrin, et la cause en était qu'un infidèle avait arraché un croyant du giron de l'Eglise pour l'entraîner dans le paganisme. On était alors à ces jours de fête appelés les *réjouissances;* et Carpus qui aurait dû prier pour ces deux âmes malheureuses afin de pouvoir, avec le secours de Dieu, rappeler l'une des voies de l'erreur, gagner l'autre par la bonté et la bienveillance, Carpus qui eût dû pendant toute sa vie ne jamais cesser de se souvenir au saint sacrifice de ces deux âmes égarées, aussi longtemps du moins qu'il leur restait la facilité du retour et le temps de faire pénitence ; ce saint homme, dis-je, fut tellement indigné de leur conduite, qu'il se laissa aller à ses impressions fâcheuses contre eux et s'endormit avec ces légères affections de trouble et de ressentiment; (c'était le soir). Au milieu de la nuit (c'était l'heure où il avait coutume de se lever pour louer Dieu), il se lève après n'avoir pris qu'un sommeil troublé, agité et interrompu à tout instant, et contre son ordinaire, il entreprend sa prière tout-à-coup et sans trop de préparation, car il s'affligeait et s'indignait en lui-même; c'était, selon lui, une souveraine injustice que de laisser vivre des impies qui corrompaient les voies du Seigneur ; en conséquence, il demandait à Dieu d'envoyer le feu du ciel et d'ôter à ces misérables une vie dont ils étaient indignes. Après ces paroles, il avait eu, disait-il, une vision.

« Soudain, toute la maison où il était avait éprouvé une commotion, une secousse, et s'était divisée en deux depuis le faîte jusqu'aux fondements. Alors une colonne lumineuse descendit du ciel jusqu'à lui ; les cieux s'ouvrirent, et Jésus apparut sur la voûte céleste entouré de tous les anges sous forme humaine. Voilà ce qui se passait au-dessus de lui. Puis abaissant ses regards, il vit la terre fendue, entr'ouverte comme un gouffre immense, et sur le bord de ce gouffre, en face de lui, tremblants et près d'y tomber, ces deux hommes mêmes auxquels il avait souhaité la mort. Du fond du gouffre s'élevaient des serpents qui s'attachaient aux pieds chancelants de ces infortunés, les enveloppaient de leurs nœuds, les ramenaient lorsqu'ils voulaient s'échapper et les poussaient de mille manières, tantôt en les étreignant sous les replis de leurs queues, les tourmentant par leurs cruelles morsures, tantôt en les carressant d'une manière horrible, ils les poussaient vers l'abîme. Il ajoutait avoir vu des hommes qui, de concert avec les serpents, se jetaient sur ces malheureux, les poussaient, les tourmentaient tellement, qu'il ne s'en fallait de rien qu'ils tombassent dans le gouffre béant, en partie malgré eux et en partie peut-être volontairement, tant était grande la violence de leurs tourments.

« Or, il racontait qu'en regardant ce spectacle qui se passait à ses pieds, il avait éprouvé de la satisfaction, tandis qu'il voyait avec indignation que ces malheureux qu'il avait en face ne tombaient point dans l'abîme. Toutes ces souffrances et cette lutte des deux coupables, l'avaient absorbé tout entier, et loin d'appaiser ses ressentiments, n'avaient fait qu'exciter son indignation et ses imprécations contre eux. Mais à cet instant, levant les yeux vers le ciel, avec peine cependant, il vit de nouveau les cieux ouverts et Jésus qui, touché de miséricorde à la vue des souffrances de ces infortunés, se levait de son trône céleste et descendait vers ces victimes, leur tendant la main et leur portant secours avec les anges. Alors Jésus lui dit : Eh! bien, Carpus, levez la main et frappez-moi donc, si vous le voulez, car je ne refuse point de souffrir de nouveau pour le salut des hommes : ce me serait au contraire un véritable bonheur que ces nouvelles souffrances, si les hommes ne devaient plus pécher. »

« Voilà, Démophile, ce que j'ai recueilli de sa bouche, et je crois le fait véritable. »

Dans cette admirable lettre, Denys est vraiment ce bon Pasteur, dont la flûte champêtre et les suaves accents rappellent au bercail la brebis égarée. Il faut de plus y admirer comme le saint évêque réalise cette parole du Sauveur Jésus : *Tout Scribe savant dans le royaume des Cieux* (c'est-à-dire l'Eglise), *est comme un père de famille qui tire de son trésor des choses anciennes et nouvelles.* Et en effet de combien de passages et d'exemples, tant de l'ancien que du nouveau testament, cette lettre n'est-elle pas remplie ? et avec quel à propos ne vient pas s'y joindre ce trait de saint Carpus (c'était un disciple de saint Paul, et il fut plus tard évêque dans la Troade), dont le mérite et l'intérêt intrinsèque est encore augmenté par le fait de sa nouveauté, gage à la fois de son authenticité et de son utilité ; et quel art de la part de l'auteur que de placer ainsi cet exemple à la fin de sa lettre, c'est-à-dire, alors qu'il s'agissait d'exciter l'amour envers Notre Seigneur Jésus-Christ !

Si quelqu'un désirait savoir quels furent les succès de Denys dans la chaire chrétienne, il n'a pas besoin d'autre témoignage que cette belle et touchante lettre. Car quand on le voit pour l'intérêt d'une seule âme égarée prendre tant de sollicitude, la convaincre par les preuves de l'Ecriture les plus puissantes et en même temps les plus analogues au fait qu'il reprochait, on se fait facilement une idée de tout ce que dut faire et dire de beau et de grand ce saint et éloquent Pontife, lorsque montant dans sa chaire sacrée, il avait sous les yeux une foule immense, qu'il fallait instruire, diriger ou reprendre. Oh ! le siècle intelligent et ingrat qui n'a recueilli qu'avec indifférence ces discours dignes d'une gloire immortelle, ou qui du moins n'a apporté à leur conservation qu'une négligence coupable !

Après ces légitimes regrets pour des œuvres que nous avons perdues, consolons-nous par l'admiration de ses autres faits dont la mémoire a triomphé de l'oubli des temps.

CHAPITRE IX.

COURSES ÉVANGÉLIQUES DE DENYS SOUS LE RÈGNE DE NÉRON.

Après avoir tout réglé dans son Eglise d'Athènes, de la manière que nous avons indiqué plus haut, Denys éprouva le même instinct divin, le même besoin que les apôtres ses prédécesseurs: c'est-à-dire qu'il se sentit appelé à porter sa sollicitude et sa charité dans ces pays qui étaient encore privés du bienfait incomparable de la Foi, ou qui du moins n'y étaient pas encore bien affermis.

Il parcourut donc toutes les villes et autres lieux du voisinage d'Athènes, prêchant le nom de Jésus-Christ, aux uns pour le leur faire connaître, aux autres pour les y attacher davantage. Et pour faire glorifier ce saint nom, il ne recula devant aucune fatigue.

Le saint évêque avait devant lui toute la Grèce, qui se présentait comme un vaste champ pour exercer sa charité et son zèle. La Syrie et l'Asie, et autres contrées voisines où les apôtres avaient séjourné longtemps et fait d'insignes prodiges, étaient bien pénétrées des vérités de la foi; mais la Grèce entière, où les apôtres n'avaient fait que passer, n'avait qu'une légère teinte de la foi. Corinthe seule faisait exception, ayant joui pendant deux ans de la présence de saint Paul. A cette époque, la soixantième année de l'ère chrétienne et la sixième du règne du farouche Néron, le chef des apôtres avait fixé sa résidence à Rome; Paul avait passé dans les Gaules et de là il s'élançait comme un saint conquérant sur l'Espagne; saint Jean évangélisait l'Asie, et d'autres apôtres parcouraient d'autres contrées étrangères à la Grèce; quelques-uns même avaient couronné leur belle vie par la belle mort du martyre, entre autres saint André, qui étant parti évangéliser la Scythie, avait de là passé dans l'Achaïe dans l'espérance d'y faire une riche moisson pour le Ciel, s'il lui avait été donné de rester plus longtemps parmi les hommes. Mais, grâce à la perversité du Proconsul Egée, pour qui les sages discours de l'apôtre étaient autant de reproches et de crimes, grâce aussi à l'amour extraordinaire du saint pour l'arbre de la croix sur laquelle il voulait mourir, André martyr avait laissé la terre pour le Ciel.

C'est pourquoi Denys successeur des apôtres et se croyant obligé à ce titre de veiller, à leur départ de ce monde, sur le troupeau qu'ils laissaient, de peur que les loups dévorants n'y fissent de cruels ravages, et de peur que la semence précieuse de l'Evangile ne vint se dessécher faute d'humidité en temps opportun; Denys, dis-je, pour prévenir ces déplorables résultats, parcourut et l'Achaïe et les contrées limitrophes, pour les confirmer dans leur foi. Ainsi, voyageur et apôtre infatigable, il courait partout où l'Eglise de Dieu était menacée de quelque péril imminent, soit de la part des Juifs, soit du côté des Gentils ou de celui des Hérétiques. Car les intérêts de la foi passaient pour lui avant tout, il sacrifiait tout à la foi, il lui eût sacrifié sa vie elle-même, et il n'était ni moins diligent, ni moins empressé d'en hâter les progrés que d'en défendre la cause.

S'il avait quelque espoir de réaliser ces progrés en un pays quelconque, on le voyait soudain, plein de joie, mépriser les fatigues et les difficultés, pour voler à son but avec la même ardeur qu'on rechercherait les plaisirs et les délices. Voilà, en effet, le caractère des vrais amants de Dieu, telle est leur ardeur. Quand il s'agit de la gloire de Celui qu'ils aiment pardessus tout, rien ne peut les retenir, et ils emploient toutes leurs ressources et tous leurs moyens pour arriver à réaliser ce qui est agréable au divin maître. C'est là la véritable marque d'un amour ardent, Denys ne mesurait son amour pour Jésus-Christ que sur la charité immense que le Divin sauveur avait eue pour son âme, charité qu'il n'oubliait jamais. Qui sentit mieux l'amour pour les hommes, qui en fit plus de cas, qui en parla plus éloquemment, qui enfin le fit mieux passer de son cœur daus celui des autres, que notre Aréopagite devenu chrétien ? Brûlant de cet amour, après en avoir successivement embrasé toutes les villes voisines d'Athènes, s'avançant de province en province, il arriva en Phrygie. Partout sur son passage les ténèbres de l'erreur dissipées faisaient place au jour brillant de la foi, et les maladies mêmes des corps disparaissaient avec les plaies des âmes.

Aussi le regardait-on plutôt comme un Dieu que comme un homme. Chacun voulait le voir, chacun voulait l'entendre, on l'invitait dans les maisons particulières, on le pressait de séjourner, et son départ était un deuil public. Suspendant quelque peu ses courses apostoliques, il demeura deux ans dans la Troade et employa ce temps à la conversion au culte du vrai Dieu de tous les superstitieux et impurs adorateurs de Cybèle, cette fabuleuse mère des Dieux. A son retour, il se rendit chez les Lacédémoniens, où il poursuivait avec zèle les progrès du christianisme, quand le bruit de la détention de Paul à Rome et de sa mort imminente vint frapper ses oreilles. L'implacable Néron, livré à tous les excès de la cruauté, ne mettait plus de choix dans ses victimes; déjà, foulant aux pieds une double vertu naturelle, il avait immolé sa mère et son précepteur. Paul était le père de Denys dans la foi, il était son Pontife puisqu'il l'avait fait évêque, il était son Précepteur puisqu'il lui avait donné de si précieux enseignements sur la loi divine; aussi Denys conçut-il un bien grand désir de le voir et de l'entendre une dernière fois, et même s'il était possible, de mourir avec lui.

Mettant donc ordre à ses affaires présentes, il revint à Athènes en toute hâte et mit Publius en sa place à la tête du troupeau. Après quoi il partit pour Rome accompagné seulement de quelques chrétiens.

Mais il eut beau faire diligence; il ne put arriver assez tôt pour être témoin des combats de son saint maître, ni de son glorieux martyre, car il eut sur son chemin plusieurs occasions de s'arrêter, ce qui le retarda un peu; et d'ailleurs Néron, cet ennemi déclaré de tous les gens de bien, aiguillonné par les inspirations de Satan, se hâtait dans le crime. Déjà dans un même jour, il avait sacrifié au Démon de la cruauté, les deux chefs du christianisme, Pierre et Paul, suspendant l'un à une croix et faisant couper la tête à l'autre des saints apôtres!

Comment peindre alors la tristesse du tendre disciple, l'amertume de son cœur et les torrents de larmes qui coulèrent de ses yeux, lorsqu'il apprit que les combats glorieux soutenus par ces deux princes de l'Eglise étaient terminés sans qu'il eût le bonheur d'en être le témoin? son deuil et sa légitime affliction ne sauraient être appréciés que par celui qui a eu le bonheur de voir les apôtres Pierre et Paul, de converser avec eux et d'entrer dans leur intimité.

Denys espérait pouvoir soumettre à ces colonnes de l'Eglise une foule de questions, et sur le gouvernement de son peuple et sur les contrées où il devrait désormais porter les lumières de la Foi; mais ce malheur inattendu vint le priver de toutes ces espérances. Eux ils étaient allés recevoir leur récompense, mais Denys et ses collègues dans le sacerdoce restaient désormais seuls en face de féroces ennemis avec lesquels il fallait livrer d'horribles combats. Après la perte de ses généreux chefs, sous la tyrannie de ce monstre cruel qui accablait le peuple de Dieu, Denys ne pouvait plus placer ses espérances qu'en Dieu seul, dans le Dieu des armées, et où pouvait-il trouver plus de garantie plus de sûreté et plus de force ? C'est Dieu qui avant tous gouverne l'église de sa main toute puissante, la garde et la protège ; c'est Dieu qui nuit et jour vient en aide à ses pasteurs ; c'est Dieu qui leur suggère le jour par des inspirations secrètes, la nuit par des songes et des visions, la conduite qu'ils ont à tenir dans les évènements à venir, et nous dirons plus bas ce qu'il a ainsi manifesté à Denys dans une autre persécution, (nous en avons un témoignage des plus certains et des plus évidents). Quant aux circonstances vraiment accablantes dans lesquelles il se trouvait alors, quoique l'histoire n'en dise rien, il est cependant à croire que Dieu lui manifesta bien des choses, et ses écrits mêmes, si sublimes qu'ils dépassent la portée de l'esprit humain, le disent assez. Du reste, nous en parlerons bientôt plus à propos ; poursuivons le récit de ce voyage.

Au milieu des chagrins qu'il ressentait au sujet de ses maîtres, Denys eut au moins la consolation de voir que les saints apôtres avaient laissé sur la terre de fidèles images d'eux-mêmes dans leur disciples. Il lui fut donné de s'entretenir avec eux, de les consulter et d'apprendre de leur bouche une foule de renseignements précieux qu'il ne pouvait plus obtenir de ceux qui l'avaient instruit dans la foi. Il trouva en effet à Rome Tite et Luc, ces fidèles compagnons des travaux de saint Paul (qui prirent soin de sa sépulture), et son cher Timothée que l'apôtre, dans la prévision de sa fin prochaine, avait selon toute probabilité rappelé auprès de lui, pour lui fermer les yeux. Là il trouva encore Saint-Clément que la plupart des auteurs latins, entre autres Saint-Jérôme, disent avoir été le successeur immédiat de Saint-Pierre. Et en effet, il me parait vraisemblable que Clément occupa le siège au moins pendant quelque temps après Saint-Pierre, mais que cédant peu après au désir de porter ailleurs la parole de Dieu, ou bien à tout autre motif à nous inconnu, il remit de plein gré ses pouvoirs à Lin son successeur. Et dans la succession des pontifes au siége de Rome, Lin viendrait immédiatement après Saint-Pierre à cause de la brièveté du pontificat de Clément. Mais pour être de si courte durée, l'administration de Clément n'en fut pas moins fructueuse à l'Eglise de Dieu.

Ce fut lui en effet, qui consola l'église de Rome de la perte immense qu'elle venait de faire en la personne de ses pères dans la foi. Ce fut Clément aussi, qui envoya chez les diverses nations tous ceux que le désir de voir les apôtres avait réunis en si grand nombre à Rome, et c'est alors qu'il assigna la Gaule à Denys. Lui-même cédant à Lin tout l'honneur et toute la juridiction du souverain pontificat, il le laissa à Rome chef de l'église universelle et s'en alla à travers le monde où l'appelaient les besoins de la foi, répandre les précieuses semences de la divine parole. Or, comme la mission de Denys en Gaule fut singulièrement glorieuse et utile, il serait injuste de ne faire que l'indiquer : nous allons donc en donner ici une relation plus complète et plus circonstanciée.

CHAPITRE X.

DENYS, ENVOYÉ PAR LE PONTIFE CLÉMENT, PASSE EN GAULE. — ACTES DE SON APOSTOLAT DANS CES CONTRÉES DEPUIS LA MORT DE NÉRON JUSQU'A DOMITIEN.

Les quelques jours qui suivirent la mort des apôtres Pierre et Paul, les hommes de Dieu les consacrèrent à s'entretenir des vertus de leurs maîtres et de leurs pères. C'était un besoin pour leur cœur dont la tendre affection écartait alors tout autre souci; c'était aussi un besoin pour leur vertu qui se retrempait ainsi dans le souvenir de si belles actions. L'un rappelait la sage modération de Pierre, l'autre la sainte ferveur de Paul; celui-ci racontait les prodiges inouis que l'un avait faits sur la terre; celui-là les ravissements de l'autre au troisième ciel. Ce disciple reproduit avec enthousiasme les travaux apostoliques du premier des pasteurs au milieu des Juifs et les prodigieux fruits de salut qu'il y réalisa; cet autre se plait à faire voir le docteur des nations au milieu des Grecs triomphant à la fois et de la science païenne et de la passion orgueilleuse. Enfin, tous rappellent avec amour ou ce qu'ils ont vu ou ce qu'ils ont entendu sur leurs pères bien aimés.

Mais parmi tous leurs sujets d'entretiens, il y eut un point capital dont ils se préoccupèrent avec raison, et qui captiva à bon droit toute leur attention : Où en est le christianisme par rapport à sa diffusion chez les différents peuples, quelle espérance donne son état actuel, quelles provinces l'ont embrassé, quels apôtres ont travaillé à ses progrès, quels sont ceux d'entre eux qui réclament des aides, qui faut-il envoyer et en quels pays de préférence doit-on diriger les ouvriers du Seigneur ?

Voilà toutes les questions que Clément, le saint Evêque, le premier disciple et coopérateur des deux apôtres, exposa devant cette auguste assemblée. Et après avoir longuement considéré d'une part les besoins pressants des Gaules et de l'Espagne, de l'autre, le petit nombre d'ouvriers qu'il avait à sa disposition, le bon pasteur se trouvait dans une grande inquiétude ; mais rassuré par les vertus et les glorieux antécédents de Denys, qui lui était cher à bien des titres, il résolut de se décharger sur lui de sa sollicitude par rapport à ces malheureuses contrées, et de l'y envoyer comme un autre lui-même avec toute la puissance qu'il pouvait lui communiquer, afin qu'il y accomplît ce qu'il eut désiré faire lui-même si les circonstances l'eussent permis.

Il l'appelle donc à lui, l'accueille avec la plus sensible bienveillance et lui parle à peu près en ces termes : Frère bien-aimé, depuis que la semence divine a été répandue avec tant d'abondance par les apôtres, vous savez mieux que personne combien de moissons jaunissantes attendent les bras des moissonneurs ; mais autant la moisson est abondante, autant hélas ! les ouvriers sont en petit nombre. Il m'en faudrait surtout qui pussent briller parmi les peuples par les lumières de leur esprit et par la pureté de leurs mœurs, comme par leur caractère et leur autorité, afin que non seulement ils accomplissent des œuvres utiles, mais plutôt encore qu'ils président aux œuvres, au ministère des autres et leur donnent la direction nécessaire. Voici que les provinces voisines, la Gaule et les autres contrées d'Occident nous tendent les bras ; déjà attachées à la foi ou désireuses de l'embrasser, elles attendent une âme généreuse qui entreprenne l'œuvre si importante de leur conversion. Pour moi, si j'ai acquis quelque expérience et si Dieu ne m'a pas refusé toute lumière, je crois que c'est vous qu'il appelle en ce pays, et que personne plus que vous n'est digne d'un si bel héritage.

Vos lumières et votre piété me sont connues et je sais quelle est la fermeté et la constance de votre âme. Eh ! bien, c'est maintenant qu'il faut déployer toutes les forces de votre esprit, toutes les ressources de votre industrieuse prudence, pour anéantir à jamais les abominations d'un culte supertitieux. C'est maintenant qu'il faut donner à Dieu une nouvelle preuve de votre foi et de votre amour, par des œuvres dignes de fixer ses regards. C'est maintenant, c'est dans ces contrées qu'il faut aller attendre en combattant généreusement, la récompense magnifique que Dieu doit déjà à vos travaux et à vos généreuses luttes pour Jésus-Christ. Ne désespérez point de trouver là ce que vous cherchiez ici ; mais il faut attendre les temps fixés de Dieu et ne pas les devancer. Plus le combat est long, plus la palme est glorieuse ; mais de toute manière, il faut que la main de Dieu indique la fin du combat et l'heure de la récompense. Rappelez donc tout votre courage, mon cher collègue, illustre champion de Jésus-Christ, préparez-vous à ces combats auxquels notre Maître à tous vous a discipliné : allez au nom du Seigneur aborder aux rivages de l'Occident, et en bon soldat de J.-C., combattez les combats du Seigneur notre Dieu. Vous aurez des adversaires, n'en doutez pas ; mais vous aurez aussi des amis, des auxiliaires, et ce sera le plus grand nombre, car les anges formeront autour de vous un puissant rempart de défense, et les prières de nos frères ainsi que les nôtres vous soutiendront. Vous n'aurez point sujet de redouter la barbarie d'une nation sauvage, parce que partout et toujours, Jésus, notre Maître, notre guide, vous précèdera, mettant devant vous les ennemis en fuite et préparant les voies aux progrès de l'Evangile.

Ainsi, de même que le Seigneur Jésus a donné à Pierre et, par Pierre, à moi-même, la puissance de lier et de délier, je vous la donne pour votre apostolat, afin que fort de cette puissance et fort de l'appui que vous donneront les suffrages des saints apôtres et nos propres prières, vous alliez avec confiance où vous êtes appelé, et que, ambassadeur de Jésus-Christ, vous accomplissiez sans aucun obstacle votre message d'apôtre au sein des Gaules. « Faites-donc l'œuvre d'un évangéliste, remplissez votre ministère » et prenez à tache de faire connaître partout le nom de Jésus-Christ, afin qu'au dernier jour vous l'entendiez vous dire : « Bien fidèle serviteur, vous avez été fidèle sur de petites choses, je vous établirai sur de plus grandes, entrez dans la joie de votre Seigneur. »

Denys écouta avec bonheur cette bienveillante allocution, car il se réjouissait d'être ainsi envoyé par le Souverain Pontife dans un pays où le poussait un secret instinct. Il répondit donc en peu de mots au suprême Pasteur qu'il se rendrait volontiers et de grand cœur à ses désirs, car il n'avait rien tant à cœur que d'obéir aux ordres de celui qui était l'oracle et l'organe du Saint Esprit sur la terre.

On choisit ensuite ceux qui devraient l'accompagner dans ce voyage et ils répondirent aussitôt à l'appel du Souverain Pontife. (Ceux que l'esprit de Dieu conduit se soumettent volontiers aux ordres de leurs supérieurs.) Le Pontife leur adressa alors quelques paroles bien propres à les encourager pour ce lointain voyage et à les fortifier d'avance dans les travaux et les fatigues qu'ils auraient à supporter pour le nom de Jésus-Christ. Sa sainte âme fut infiniment consolée en les voyant pleins de joie et d'ardeur soupirer après ces nouvelles conquêtes, et elle les congédia avec amour en les comblant de ses bénédictions.

Au nombre des compagnons de Denys étaient, Rusticus et Eleutherius ses inséparables, et avec eux Saturninus, Marcellus (ou Eugène), Lucianus, Régulus, Ion que d'autres appellent Jonas, et Eutrope qui avait déjà été prêcher en Gaule, mais qui désespérant du succès de sa prédication, s'était déterminé à en sortir.

Envoyé par le prince des apôtres, de qui il avait reçu les enseignements de la foi, dans ce pays des Gaules qu'on nomme l'Aquitaine, il y avait avec plusieurs autres compagnons prêché et travaillé longtemps et ardemment, sans cependant convertir grand nombre d'infidèles, car selon certains auteurs, il n'avait amené à la foi que dix hommes. Fatigué de remuer une terre ingrate et stérile et d'y perdre son temps et ses peines, Eutrope avait pris le parti de l'abandonner et il était retourné à Rome.

Voilà bien sans doute notre conduite à nous, hommes faibles et ignorants que nous sommes : nous dédaignons les pays où le succès semble ne pas devoir répondre à notre ambitieuse attente, et si après de longs travaux nous ne voyons pas les effets proportionnés à nos fatigues, nous nous plaignons d'avoir travaillé en vain. Et cependant, c'est folie et égarement de notre part que de faire dépendre le fruit de notre apostolat de la volonté d'autrui plutôt que de la nôtre. Car ce n'est point sur le succès que Dieu base le mérite des œuvres, mais il le mesure sur l'étendue de la charité ; il ne considère pas l'extension plus ou moins grande des résultats, mais l'intensité de l'amour qui les produit. Il est possible qu'Eutrope par la conversion de ces dix hommes dans l'espace de vingt années ait plus mérité de grâce et de gloire devant Dieu qu'un apôtre plus heureux qui en une seule année ou dans une seule prédication en aura rappelé vingt mille à leurs devoirs.

C'est bien là ce que lui fit comprendre saint Clément : il lui fit voir tout ce que ses travaux prétendus infructueux lui avaient mérité et acquis de richesses spirituelles ; et par ses sages discours le saint Pontife produisit un tel effet sur l'âme d'Eutrope, qu'embrasé des ardeurs de la foi et de la charité, il redemanda avec instance sa province abandonnée.

Clément le voyant si rempli du zèle de la gloire de Dieu, le sacra évêque, et, comme inspiré par l'esprit de Dieu, il lui parla du martyre et l'anima à en soutenir les rigueurs et à remporter dignement la palme. Eutrope se fit donc le compagnon de voyage de Denys dont le nom lui était déjà connu et dont la vertu faisait maintenant son admiration. De même qu'aux premiers jours de l'Église, Pierre après les tentatives infructueuses d'une nuit tout entière, ayant cependant sur la parole de Jésus-Christ jeté ses filets à la mer, fit une pêche abondante et miraculeuse : ainsi arriva-t-il à Eutrope (pour le dire en passant), lorsque sur la parole du Souverain Pontife, il reprit généreusement sa difficile mission. Car en peu de temps il convertit une multitude de Gaulois et gagna même à la foi la fille du prince des Saintongeois. Après quoi il couronna ses glorieux travaux par la glorieuse mort du martyre.

Nous nous sommes permis cette petite digression à l'occasion d'Eutrope devenu le compagnon de voyage de Denys, bien que nous nous réservions de parler ailleurs plus au long de son martyre et de ses actes que Denys nous a laissés. Maintenant revenons au voyage et reprenons les saints personnages au moment de leur départ.

Après avoir reçu, comme nous l'avons dit, la bénédiction du prince des pasteurs, ils se mirent en route, mais avec cette allégresse et cette joie dont l'amour de Dieu remplit les âmes des saints conquérants. Le voyage quoique fort long leur parut bien court. La concorde, la charité fraternelle en abrégeaient singulièrement les heures, il les passaient à s'occuper d'entretiens pieux sur la religion, du souvenir des apôtres, du récit de leurs touchantes actions : c'était là comme leur nourriture favorite et habituelle, et ainsi rien ne fut aussi doux aussi agréable que cette longue traversée. La mer qui semblait seconder leurs vœux, aplanissait ses flots pour leur donner une heureuse navigation, qui fut dûe sans doute bien plus à l'action de l'esprit de Dieu qu'au souffle des vents favorables.

Quelle fut la première ville où ils abordèrent? On croit généralement que ce fut la ville d'Arles, boulevard important de la Narbonnaise et centre de commerce favorable pour toutes les nations. Elle était encore pleine des souvenirs de Saint-Trophime disciple de Paul nommé par cet apôtre premier évêque au siège d'Arles. Trophime y avait implanté la foi chrétienne dans la mesure de ses forces, mais retenu par les souffrances à Milet, d'après ce qu'en écrit Saint-Paul, il y avait rendu son âme à Dieu, loin de son église et de son siège épiscopal, avant même que les saints dont nous parlons fussent partis de Rome. C'est ce qui rend vraisemblable la tradition qui les fait aborder d'abord dans cette chrétienté.

Arrêtons nous donc à cette ville avec les prédicateurs de la foi, et par la grâce de Dieu, l'aide et le secours de Saint-Denys qui nous contemple du haut de son trône de gloire, décrivons tout ce qu'il entreprit de là dans les Gaules à la gloire de Jésus-Christ son maître.

CHAPITRE XI.

DENYS ARRIVÉ EN GAULE ET DANS LA VILLE D'ARLES AVISE ET DÉLIBÈRE SUR LES INTÉRÊTS DE LA FOI.

M*on fils*, dit l'ecclésiastique, *ne faites rien sans conseil*. L'apôtre de la Gaule crut devoir s'appliquer et prendre pour soi cet oracle de la sagesse, d'autant qu'il allait mettre la main à une entreprise hérissée de difficultés. Il ne s'agissait de rien moins en effet, que de détruire le culte des faux dieux que la superstition avait pendant si longtemps enraciné au fond de ces cœurs barbares. Il s'agissait de les convaincre de la fausseté de leurs idoles, de leur proposer et de leur inculquer la religion nouvelle, c'est-à-dire, le culte d'un Dieu crucifié avec ignominie entre deux larrons. Les forces humaines abandonnées à elles-mêmes étaient évidemment insuffisantes à l'accomplissement d'une pareille tâche. Mais accrues par le puissant secours de Dieu, elles s'élevaient à la hauteur de l'entreprise et de toute autre même plus considérabble. Or dans ces conjonctures qui exigeaient, outre de grandes forces, une prudence consommée, voici quelle fut la conduite du saint apôtre.

Il ne fut pas plus tôt arrivé qu'il eut soin de rendre ses actions de grâces au Dieu qui guide les voyageurs et de le remercier pour l'heureuse navigation qu'il leur avait accordée. Puis il s'occupa de connaître parfaitement l'état de la Gaule, les mœurs de tous les peuples qui l'habitaient, afin d'agir ensuite conformément à ces connaissances, et de partager sa sollicitude et porter leur action commune avec discernement pour la plus grande gloire de Dieu. Aucune ville assurément n'était plus favorable à ses desseins sur ce point, car la ville d'Arles était le rendez-vous général pour tous les points de la Gaule, des chrétiens comme des païens; on pouvait par là apprendre d'eux tout ce qu'il importait de savoir pour la sage administration de l'église. Denys s'y fixa donc, rassembla les chrétiens, fit leur connaissance, et fut à même de voir les fruits qu'avaient produits les prédications de Paul et de Trophime.

Il apprit ainsi de tous ces frères en Jésus-Christ, et surtout des prêtres et des diacres, quels étaient les évêques encore vivants des Gaules, où étaient leurs sièges, quelles conquêtes ils avaient faites à la foi, quelles terres ils avaient laissées sans culture et sans la semence de la divine parole.

Réunissant alors tous ses collègues et ses compagnons pour les consulter, et ayant entendu leur avis, selon son ordinaire, il s'agenouilla pour invoquer le Dieu des lumières, et désigna à chacun la province qu'il avait à évangéliser. Saturnin eut l'Aquitaine, Lucianus dut aller au milieu des Bellovaques, Sanctin fut fixé à

Meaux, Regulus à Arles, Eutrope dans la Saintonge et ainsi d'autres à qui différentes villes furent assignées. Pour ce qui est de Marcellus que beaucoup d'auteurs appellent aussi Eugène, il fut envoyé en Espagne, parce que il avait été fait évêque avant les autres, et que, à l'arrivée des saints en Gaule, les Espagnols avaient réclamé d'eux des secours spirituels.

Paris était alors pour ce qui regarde la piété et la Foi, ce que l'on pouvait rencontrer de plus inculte et de moins accessible à la lumière de l'évangile. Denys se réserva cette terre à défricher. Il est convenable que dans l'Eglise, comme dans l'armée, les chefs prennent pour eux le poste le plus pénible et le plus périlleux, et qu'ils paraissent conduire leur subordonnés au devoir plutôt par l'entraînement de l'exemple que par l'autorité du commandement. Le commandement en effet paraît toujours suspect d'arrogance ou de dureté quand on pousse les autres aux périls et aux fatigues sans donner soi-même l'exemple du dévouement. Denys se gardait surtout d'être du nombre de ceux qui traitent les autres avec dureté et vivent eux-mêmes avec mollesse. Ce n'étaient point là en effet les leçons qu'il avaient reçues de Paul, ni les exemples qu'il avait eus dans sa conduite et dans celle des autres apôtres ; aussi jamais de semblables pensées n'avaient abusé son esprit pas même dans ses songes. Il était comme ces chasseurs ardents, intrépides : toujours à l'éveil, toujours à la trace de ce qui pouvait procurer la gloire de Dieu, la conquête d'une âme, c'était là sa dépouille opime, et il ne la trouvait abondamment que dans les périls, les travaux, les soucis, les entreprises hardies et d'exécution difficile.

Il demeura quelque temps à Arles, car Dieu lui avait montré que son séjour un peu prolongé en cette ville devait y produire de grands fruits. A cette époque, Néron, qui était moins un homme, qu'un monstre de l'espèce humaine, un tyran tel que la terre n'en avait pas encore porté, venait de subir devant Dieu et ses saints apôtres les justes châtiments dus à sa cruauté inouïe. Son dernier acte était tout à la fois un crime et une justice : c'est-à-dire qu'il se donna la mort de sa propre main. Peut-être que le monstre après avoir surpassé par un genre de détestable supériorité sans doute, après avoir, dis-je, vaincu en férocité tous ses pareils, voulut aussi, en s'égorgeant, triompher de lui-même.

A sa mort, les gens de bien purent enfin respirer et les chrétiens surtout purent concevoir de légitimes espérances. Ce n'était pas, en effet, un médiocre argument en faveur de leur religion que d'avoir été persécutés, traqués par un monstre souillé de tous les crimes, couvert de la lèpre des vices les plus hideux et les plus dégoûtants, d'un tyran enfin à qui le démon de la cruauté sofflait à tout instant les plus exécrables suggestions.

Denys et ses pasteurs de toutes les églises avec lui prêchèrent donc à la face du monde que Pierre et Paul, les princes de la religion chrétienne, les modèles de tous dans la sainteté et la douceur, avaient été inhumainement livrés à la mort, pour cela seul qu'ils avaient généreusement résisté à un tyran farouche, abandonné aux furies et aux sombres génies de l'abîme dont ce sicaire infâme n'était plus que l'instrument et le jouet ; pour cela surtout, qu'ils avaient refusé de sacrifier la pudeur de la chasteté aux honteux excès des passions infâmes. S'étant ainsi donné pour ainsi dire accès auprès de ceux qui détestaient ces crimes et ces débauches, ils se mettaient en devoir d'exposer les renseignements de notre foi et le faisaient avec d'autant plus d'assurance, que la vertu et la raison leur servaient d'inséparables appuis.

Et c'était surtout ici que notre aréopagite électrisait son auditoire auquel il en imposait et par l'illustration personnelle et par les charmes, la force et l'abondance de discours que l'Esprit-Saint lui mettait sur ses lèvres. Aussi vit-on un grand nombre des habitants de cette puissante cité l'écouter avec assiduité, avec goût, puis admirer sa vie, aimer ses vertus et insensiblement arriver à l'admiration de l'évangile.

On commença par comparer dans le silence de la pensée, les actions de Jésus-Christ à celles des faux-dieux, puis on en fit l'objet des discussions et des contestations, enfin, voyant l'impuissance de ces dieux qui laissaient les chrétiens les accuser impunément de fausseté, on les abandonna. Ce fut surtout lorsque ces idolâtres virent les miracles qui se faisaient au nom de Jésus-Christ, soit pour chasser les démons, soit pour guérir les maladies du peuple, qu'ils s'enrolèrent ouvertement sous la bannière chrétienne et se laissèrent aller aux douces influences de la vertu.

Denys ne quitta donc la ville d'Arles qu'après avoir amené sous les étendards du Christ une grande multitude d'habitants et après avoir répandu partout par ses vertus étonnantes la bonne odeur de Jésus-Christ.

Il y avait dans cette ville un temple singulièrement fameux et cher à la superstition, où l'on rendait à une statue de Mars les honneurs publics. Denys prononça sur cette statue le nom du vrai Dieu et à l'instant elle fut renversée et brisée en mille morceaux, et ce temple souillé par les honteux mystères, les folies et les abominations d'un culte superstitieux, il le purifia selon la forme prescrite, et, avec l'agrément du peuple, il le consacra au vrai Dieu sous l'invocation de Saint Pierre et Saint Paul, puis y fit placer un baptistère où le peuple irait se purifier de la souillure du péché originel.

J'ai fait entendre que cette dédicace en l'honneur des saints apôtres s'était faite à la satisfaction du peuple ; car Denys leur avait exposé brièvement les merveilleux prodiges et les bienfaits signalés que les deux augustes chefs de l'Eglise avaient répandus partout. Tantôt il leur montrait Saint Pierre, agissant comme le dispensateur naturel de la vie et de la mort, et livrant au trépas, par une seule parole, d'audacieux criminels, ou rappelant à la vie des personnes vertueuses : c'étaient Ananie et Saphire qui pour avoir menti à l'Esprit-Saint tombaient morts aux pieds de l'apôtre; c'était la vertueuse Tabithe que la parole de Pierre rappelait du tombeau et rendait à la lumière; enfin, c'étaient les malades guéris partout sur ses pas par la vertu seule de son ombre. Tantôt c'était Paul qu'il leur peignait à grands traits; Paul de persécuteur devenu disciple fidèle; Paul ravi plusieurs fois dans le ciel où il voyait et entendait ce que nulle langue, nulle parole ne saurait rendre; Paul surtout étonnant le monde par l'éclat de ses miracles; ici frappant de cécité le magicien Elymas, rebelle à la doctrine du Christ, là rendant la santé aux malades, la vie aux morts. Enfin souvent encore l'orateur réunissait les traits de ces deux apôtres dans un même tableau: conduite irrépréhensible, doctrine pure et sublime, grandeur soutenue jusqu'au sein de la mort; tout en eux était un modèle parfait. Prudents dans les affaires, équitables dans leurs transactions, modérés dans leurs sentiments, chastes dans l'entraînement des sens, plus forts que les tortures et le trépas, rien en un mot ne manquait à leur vertu.

Et maintenant, ô Gaulois, s'écriait le saint orateur, mettez donc à côté de ces modèles la vie de quelques uns de vos dieux, produisez, pour soutenir le parallèle, un dieu Mars, un Mercure, Jupiter lui-même ou Saturne. Ciel! quelle différence, quel contraste! Il n'y a pas autant d'opposition entre le jour et la nuit, la lumière et les ténèbres. Ne sais-je pas comme vous, que l'un dévorait ses enfants, l'autre chassait honteusement son père de son royaume; que celui-ci déshonorait l'épouse d'un autre dieu, celui-là dérobait le bien d'autrui, et d'autres enfin commettaient de semblables forfaits et en tiraient vanité! et ces dieux infâmes que leurs crimes abominables condamneraient aux tourments éternels, les hommes ont été assez aveugles pour les honorer comme de véritables divinités.

Un pareil aveuglement dans les hommes a provoqué la miséricorde de Dieu, plutôt que sa colère, et il a dû pour dissiper tant de ténèbres, descendre lui-même, lumière infinie, pour ramener les hommes à la vérité: et c'est son avènement que nous prêchons; ce sont les apôtres de ce Dieu fait-homme que nous exaltons; c'est à lui, c'est à eux, ô Gaulois, qu'il faut désormais consacrer vos statues et vos temples, plutôt qu'à un Mars impudique ou à un Mercure voleur.

Ainsi parlait Denys, ainsi instruisait-il, convertissait-il les habitants de la ville d'Arles. L'heure était venue cependant de quitter cette église. Comme il avait ordonné Régulus évêque, il le met à la tête des divers ordres de la hiérarchie et le place sur ce siége d'Arles. Après leur avoir bien recommandé la subordination et la charité dans leurs mutuels rapports, il dit adieu à cette Eglise ainsi organisée, donna le baiser de paix, la dernière bénédiction et partit, accompagné de Rusticus et d'Eleutherius, il pénétra dans l'intérieur de la Gaule. Où se fixa-t-il, quels furent ses actions, ses projets? C'est ce que nous allons développer dans le chapitre suivant.

CHAPITRE XI.

DENYS PART POUR PARIS, IL Y ÉTABLIT LA RELIGION CHRÉTIENNE ET Y FONDE UN SIÈGE.

Paris, à l'époque dont nous parlons et même longtemps avant cette époque, était un nom fameux que l'on donnait non pas à une ville comme aujourd'hui, mais à toute une province, à tout un peuple qui habitait la Gaule celtique, entre les Sénonais et les Bellovaques sur les rives de la Seine. Jules César dans ses commentaires avait rendu ce nom fort célèbre, et c'était surtout en tenant son conseil de guerre dans Lutèce, ville des Parisiens, qu'il avait donné à ce nom beaucoup de retentissement. Mais une célébrité bien différente et bien autrement précieuse lui était réservée. C'était la présence de Denys, le grand apôtre, de Denys l'aréopagite qui semblait apporter avec lui toute la gloire et la renommée d'Athènes au milieu de Lutèce; heureux présage sans doute et figure sensible de ce qui devait s'accomplir et s'est réellement accompli dans la suite des âges.

Je veux dire que les beaux-arts et l'éloquence oubliés dans la patrie de Démosthènes, passeraient un jour en Occident et viendraient refleurir aux rives de la Seine. Mais encore que devaient être tous ces avantages en comparaison des autres plus réels qu'il leur apportait par la prédication de Jésus-Christ ? Rien assurément ne pouvait égaler cet immense résultat de la Gaule entière convertie, érigeant des milliers de trophées à la foi chrétienne.

Conduit par l'esprit de Dieu, Denys se rendit donc chez ce peuple, et dans cette ville si célèbre de Lutèce. Il y établit sa demeure dans le lieu qu'il jugea le plus propre à l'étude, à la prière et à la contemplation des choses de Dieu. On croit généralement que c'est à l'endroit même où se trouve aujourd'hui l'Académie de Paris, digne rivale de celle d'Athènes où jadis Platon régnait en orateur et Denys en philosophe. C'est là qu'il se fixa avec le prêtre Rustique et le diacre Eleuthère ses amis inséparables. C'est là qu'il se livra aux exercices du ministère, à la méditation, à la contemplation; là qu'il composa des livres vraiment incomparables et où le génie seul peut lire ces commentaires, ces traités admirables dont les théologiens, même de nos jours, regardent l'autorité comme la plus imposante après celle des écritures. C'est là enfin que, comme St-Jean dans le désert, il vit accourir vers lui des populations entières attirées par la sainteté de sa vie et l'éclat de ses miracles: populations qu'il instruisit lui-même, qu'il purifia dans les eaux d'un baptême salutaire et efficace.

Plus heureux que Jean, il en délivra un grand nombre des liens du péché, de la servitude honteuse du démon, pour les rendre participants de la sainte liberté des enfants de Dieu. Car, comme il opérait quantité de prodiges, qu'il rendait la vue aux aveugles, l'ouïe aux sourds, la parole aux muets, le pied aux boiteux, et qu'il guérissait toutes sortes de maladies sans recourir aux prescriptions de l'art qui enjoint, ou de brûler un membre, ou d'en couper un autre, ou encore d'avaler des potions amères, mais par l'effet de la seule invocation du Verbe Divin : il arriva bientôt qu'il fut pour toute la Gaule un sujet d'admiration et aussi d'amour et de respect. Tous ces prodiges, qui avaient pour but de convertir à la religion du Dieu au nom de qui ils étaient opérés, ne manquèrent pas leur effet : et ils amenèrent grand nombre de Parisiens sous les étendards de Jésus-Christ.

Mais parmi tous ces nouveaux convertis dont l'histoire nous a laissé ignorer même les noms, il est un personnage justement célèbre et dont le temps à qui rien ne résiste, aussi bien que l'envie malveillante pour qui rien n'est sacré, n'ont pu jusqu'à ce jour obscurcir ni le nom ni la gloire. C'est Lisbius, chef auguste, souche illustre de l'illustre famille de Montmorency. Il donna l'exemple à la noblesse gauloise et le premier, dit-on, il reçut le baptême des mains de Saint Denys. Lui, il n'est pas mort dans les souvenirs ; son nom subsiste encore avec gloire et il subsistera autant que vivra l'impérissable histoire ; car, commme autrefois, comme aujourd'hui, dans l'avenir on le citera pour avoir été les prémices de la conversion en Gaule ; dans l'avenir, comme aujourd'hui, on rappellera ses largesses, sa munificence (il était riche et influent) pour hâter les progrès de la foi, entretenir ou ériger des chapelles religieuses et des oratoires.

Nous trouvons en effet des preuves incontestables de tout ce qu'il fit pour aider Denys en ces saintes entreprises et par l'influence de sa position et par les sacrifices de ses deniers. Et ce fut peut-être là l'occasion et la source des invectives et des querelles que son épouse lui suscitait sans cesse. Larcie (c'était son nom) voyant son époux entrer en de si grandes dépenses qui, à son dire, devaient ruiner la maison, était outrée de dépit (il faut remarquer que bien que son mari fût chrétien elle resta longtemps encore dans l'infidélité), et il n'est pas invraisemblable que plus tard gardant toujours ses ressentiments de femme, elle n'eût dénoncé son mari comme coupable d'impiété, et procuré par une suite prévue ou imprévue de sa part, le martyre qui couronna la vie de Lesbius, comme nous le dirons en son lieu.

Vespasien était alors maître de l'empire, et sous ce prince pacifique la persécution avait cessé, et les ennemis des chrétiens n'avaient pas toute la liberté désirée pour nuire aux gens vertueux. Aussi sous ce règne, l'église se ranima, elle releva sa tête honorable courbée naguère sous le glaive des persécutions ; elle reprit des forces, éleva de petits édifices, tint ses assemblées religieuses et fit bientôt de rapides progrès dans la foi et la pratique des vertus.

Dans cette conjoncture favorable, Denys, toujours secondé, comme nous l'avons dit, par le vertueux Lisbius, éleva plusieurs oratoires : le premier, ou du moins l'un des premiers, fut celui qu'il dédia au Dieu tout puissant, (qui l'avait appelé en Gaule et l'y avait conduit par la main), sous le vocable de la Sainte Trinité, ce même oratoire qui beaucoup plus tard, fut restauré, agrandi, et consacré de nouveau, sous l'invocation de Saint Benoît, mais où toutefois on voulut laisser subsister les marques du respect religieux et des souvenirs si chers qu'inspiraient et l'antiquité et la sainteté de ce lieu mémorable. Dans la chapelle dite maintenant de Saint Nicolas, et qui est renfermée dans l'église de Saint Benoît, on lit ces paroles : C'est dans cet oratoire que Denys invoqua d'abord la sainte Trinité. » C'est en effet là qu'il éleva son temple en l'honneur de la Sainte Trinité. (1)

(1) Supprimée en 1790, l'église de Saint Benoit fut vendue le 28 Nivôse an V. On y établit plus tard un dépôt de farines. Enfin, en 1832, on la transforma en salle de spectacle, sous le nom de *Théâtre du Panthéon*, à cause du voisinage de ce monument (*Vies des saints de France*, t. 1er col. 199.) L'auteur de cette note ajoute : De ces trois églises bâties par Saint Denys, deux n'existent plus ; la troisième, Saint Benoît, a été transformée en un théâtre, et aujourd'hui nous ne savons à quel usage on la destine.

On dit qu'il en consacra un autre à la Sainte Vierge après avoir brisé la statue de Mercure qu'on y révérait, et ce serait en souvenir de ce fait que les Indigènes auraient appelé cette église du titre de Notre-Dame des Champs. La tradition ajoute que pour la sanctifier plus particulièrement, Denys y aurait déposé une partie du voile de la Sainte Vierge au trépas de laquelle il avait assisté, comme nous l'avons vu (1). Il consacra une autre église encore en l'honneur de Saint Etienne, premier martyr, et qu'on désigna communément sous le nom d'église de Saint Etienne des Grecs, parce que les Grecs en furent les premiers fondateurs. (2) Il éleva encore ou simplement consacra grand nombre d'autres églises sous l'invocation de différents saints. Mais on me permettra d'en omettre ici l'énumération, difficile d'ailleurs et peu nécessaire.

Denys, en élevant et consacrant des temples, n'eut garde de les laisser sans ministres ; il établit donc des prêtres dans les diverses localités, multipliant les pasteurs à mesure que les troupeaux se multipliaient. Mais avant de leur confier ces charges redoutables du saint ministère, il les formait à la vertu et leur rappelait tout particulièrement l'obligation où ils étaient de connaître et de remplir ponctuellement tous les

(1) Cette église fut démolie pendant la révolution.

(2) Cette église fut supprimée en 1790. Devenue propriété nationale, elle fut vendue en deux lots, les 16 et 17 avril 1792, et abattue peu de temps après. La maison de la rue Saint Etienne-des-Grès, qui porte aujourd'hui le N° 9, a été bâtie sur son emplacement.

devoirs de leur état. Et certes, ce n'était point sans raison. Qu'y a-t-il en effet dans le monde qui exige une préparation, une sollicitude aussi scrupuleuse, que ces fonctions qui nous mettent en rapport non pas avec un mortel, mais avec Dieu lui-même. S'il est vrai que l'on doive proportionner les honneurs à la dignité, mesurer les égards et le respect sur l'élévation des personnages, avec quelles dispositions exquises, rigoureuses, de vénération ne devons nous pas remplir toutes ces cérémonies, tous ces rites si mystérieux qui accompagnent et forment l'écorce, pour ainsi dire, du culte intérieur que nous rendons à sa majesté souveraine ? Profondément pénétré de cette grandeur infinie de Dieu, Denys donna tous ses soins à cette partie du culte, et il rendit en cela un signalé service à la cause sainte.

Il est vrai qu'à l'origine, les apôtres, à qui incombait naturellement cette charge en leur qualité de premiers ambassadeurs de Dieu et de principaux hérauts de l'évangile, avaient fixé des cérémonies, déterminé des rites particuliers pour l'administration des sacrements institués par le divin Maître ; mais comme ils ne les avaient transmis aux évêques qu'ils ordonnaient, que par la pratique et l'exemple, les hommes apostoliques, après le trépas des apôtres, guidés par l'esprit de Dieu, crurent devoir exposer par écrit les principaux mystères de la religion, avec le sens et la raison des cérémonies. Leur but était surtout de rendre, par ce moyen, leurs communications plus faciles avec les évêques et les prêtres nouvellement ordonnés et dont le nombre croissant de jour en jour s'étendait déjà à toutes les parties du monde. Mais dans leur prudence, les hommes de Dieu craignant que cette concession n'entraînât dans l'abus de graves inconvénients pour la religion, ils y mirent pour réserve qu'il faudrait apporter un très-grand soin à ne pas révéler imprudemment aux profanes et aux indignes les choses que le secret devait couvrir. Car si, d'un côté, cette permission d'écrire les mystères leur était d'un très-grand secours pour maintenir l'unité et l'uniformité dans la sainte discipline ; d'un autre, elle pouvait avoir de dangereux effets sur les âmes faibles ou ignorantes. Saint Hiérothée, le maître de Denys, fut le premier que l'on sache avoir travaillé sur ces matières ; mais son travail présentait tant de difficultés, d'obscurités, qu'il était hors de la portée commune. C'est ce qui fit que Timothée évêque d'Ephèse à qui Denys en avait envoyé un exemplaire, tout en approuvant le travail, exprima le regret de n'y point trouver une clarté plus grande et plus appropriée aux besoins des esprits ordinaires. Il engagea même Denys à différentes reprises, à entreprendre cet ouvrage, non pas que lui même Timothée, lui le noble vétéran de l'épiscopat instruit sous les étendards du grand apôtre, du docteur des nations, non pas, dis-je, qu'il en eût besoin pour sa conduite particulière, mais il lui serait d'une grande utilité pour la direction des nouveaux évêques qu'il ordonnerait et qui trouveraient dans cet ouvrage de Denys, dans ce code des rites et des cérémonies, comme le complément et la confirmation des enseignements et des instructions qu'il leur aurait donnés précédemment sur ces matières. Nous trouvons dans ces paroles l'explication vraisemblable de cette constance louable des églises d'Orient et de toute la Grèce, lesquelles ont toujours conservé et suivi invariablement dans la pratique les livres de Denys sur les saints ordres.

Je ne dis qu'un mot, en passant, sur ces livres de l'aréopagite, car je dois plus tard donner le nombre détaillé de ses ouvrages, mais je ferai remarquer seulement que ses deux livres si justement fameux sur la hiérarchie céleste, et sur la hiérarchie ecclésiastique, et qui sont les derniers sortis de sa plume, ont été écrits en Gaule, revus et retouchés dans ce même pays, où il avait, après la mort des apôtres, fixé son apostolat et son domicile.

Remarquons toutefois que chez Denys les veilles de l'écrivain ne nuisaient point aux travaux de l'apôtre. Souvent, à l'exemple de ses maîtres dans la carrière évangélique, il allait visiter, affermir des églises éloignées et faisait pour cela de lointaines pérégrinations.

Les Espagnols eux-mêmes attestent qu'il se rendit des Gaules en Espagne. Ce qui rend cette assertion bien probable, c'est que dans ces premiers siècles de l'ère chrétienne, les prédicateurs de l'évangile dans les Gaules avaient la coutume de porter la parole sainte au delà des Pyrénées lorsqu'ils pensaient avoir suffisamment éclairé les populations gauloises auxquelles ils s'étaient adressés. Nous trouvons en effet dans les auteurs espagnols bien des traces de cette coutume. On cite, par exemple, saint Martial évêque de Limoges, saint Saturnin de Toulouse, saint Jon ou Jona prêtre de Chartres, saint Mancius évêque de Catalogne et plusieurs autres encore qui tous avaient passé de Gaule en Espagne pour étendre davantage le royaume de Dieu.

Dans ces heureux temps, les limites des empires et des provinces n'étaient point des bornes pour l'extension de la foi, ni pour l'épanchement du zèle sacerdotal; mais pour tous ces chrétiens dispersés, disséminés çà et là, l'univers entier ne formait, malgré son étendue, qu'une province, qu'une patrie, qu'un peuple, disons mieux : qu'une famille qui était l'Église de Jésus-Christ, et il n'était pas plus difficile de passer d'une province en une autre, que de passer d'une ville à une ville, d'une maison même à une autre maison. Ah ! c'est qu'alors l'immensité de l'espace, la diversité des langues, rien enfin ne pouvait désunir les esprits, affaiblir les liens de la charité. Dans toute cette famille de frères, Italiens, Gaulois, Germains, Espagnols, Grecs, que sais-je, il n'y avait qu'un lien : la fraternité en Jésus-Christ ; qu'une rivalité, celle de la piété et de la vertu pour la plus grande gloire de Dieu. Et lorsqu'arrivaient les sombres jours de la persécution, toute cette famille aimante, semblable aux gouttes d'eau qui se resserrent et se congèlent sous le froid des hivers, s'unissait, s'individualisait, pour ainsi dire, davantage afin de trouver plus de force dans une plus grande union.

Denys passa donc aussi en Espagne et pendant son séjour il prit connaissance des travaux et des succès obtenus par les missionnaires qu'il y avait précédemment envoyés ; et sa présence donna comme un élan, un essor nouveau, et au zèle des pasteurs et à la foi des fidèles.

On ne saurait croire, en effet, tout ce qu'apporte de poids, d'autorité à la religion, la parole ou même la simple présence des saints personnages, surtout lorsqu'ils sont encore grandis dans l'opinion par le prestige de la science et de la dignité. De là sans doute ces ardents désirs des fidèles pour voir, entendre les saints apôtres Pierre et Paul, ou, après leur mort, ceux qui avaient hérité de leur pouvoir et qui étaient leurs vivantes images. Voilà ce qui fit que les évêques, successeurs des apôtres, ne s'attachèrent pas à leur siège d'une manière si irrévocable, qu'ils ne se réservassent selon la circonstance de passer en d'autres provinces, soit de leur propre mouvement, soit sur l'invitation qui leur en était faite.

Ainsi fit Clément lui-même, disciple et successeur de Pierre, il quitta Rome et, pour un temps, à l'exemple de son maître, il parcourut diverses contrées du monde. Ainsi firent une foule d'autres généreux athlètes de Jésus-Christ qui dans ces moments de calme jusqu'au règne de Domitien, se rendirent en divers pays pour y multiplier les églises, les consolider, leur donner des statuts et des lois et les unir toutes dans les liens ineffables de la charité. Ainsi encore fit notre Denys, qui ne se contentant pas d'Athènes, de la Gaule et de la Germanie, poussa jusqu'en Espagne et alla arroser sous le soleil vivifiant de cette heureuse contrée les semences précieuses que les mains des Saint Jacques, saint Pierre et saint Paul, y avaient jetées auparavant. L'histoire indécise sur l'époque de son passage en Espagne, est positive à l'égard du fait même du départ pour cette contrée. Nous allons exposer dans le chapitre suivant ce que fit Denys à son retour d'Espagne, sous l'empire aussi pervers que préjudiciable de Domitien.

CHAPITRE XIII.

Soucis et travaux de Denys sous le règne de Domitien. — Il a l'esprit de prophétie.

De l'aveu de tous les maîtres de la vie spirituelle, le fidèle serviteur de Dieu participe à ses bienfaits avec d'autant plus d'abondance, qu'il est plus reconnaissant pour les biens reçus et qu'il s'abandonne avec plus de dévouement, de prodigalité, pour ainsi dire, au service de son bienfaiteur, et la raison fort juste qu'ils en donnent : c'est que la bonté infinie de Dieu ayant à sa disposition des trésors inépuisables, ne se laissera jamais vaincre en générosité dans ce noble combat qui s'engage alors entre elle et la créature. Or, comme Denys était toujours plein de reconnaissance et de dévouement à Dieu, la bienveillance divine faisait descendre les grâces sur Denys, et Denys les faisait remonter vers Dieu. L'amour établissait ainsi comme un cercle mystérieux de bienveillance entre le créateur et sa créature : car à mesure que Denys recevait de nouveaux bienfaits, il rendait de nouveaux services à la cause de Dieu; Dieu redoublait ses faveurs, Denys ses retours généreux ; Dieu ne se lassait pas de donner à Denys ni Denys de rendre à son Dieu. Ainsi s'opérait en lui cette perfection qui l'a rendu si puissant en paroles et en actions.

C'était là le secret des grands Apôtres qui ne voulaient jamais recevoir en vain la grâce divine et ne cessaient d'exhorter les autres à la faire fructifier comme eux. C'était encore le secret de leurs disciples (et de Denys surtout). Ils avançaient toujours dans les voies spirituelles, ils marchaient intrépidemment vers le but, ajoutant le travail aux travaux, la peine à la peine, et par suite le mérite au mérite. Ainsi partant de petites choses, de faibles principes, ils s'élevaient à la plus haute perfection, à la contemplation de Dieu, et là ils puisaient ces vives lumières qui leur faisaient comprendre toute la vanité du monde et le mépris qu'il mérite. La terre paraissait toujours petite à leurs yeux parce qu'ils la voyaient du haut du Ciel. Lorsqu'un homme se trouve au haut d'une tour, ou sur le sommet d'une grande montagne, les géants qui se promènent au-dessous de lui, lui paraissent si petits, qu'il serait tenté de les prendre pour des vermisseaux qui s'agitent à ses pieds.

Ainsi en est-il des âmes que la contemplation des divins mystères a ravis jusqu'au sein de Dieu. Ils y voient des choses si étonnantes, si incompréhensibles, que lorsqu'ils viennent a reporter les yeux de leur esprit sur la terre, elle leur apparaît comme un point imperceptible et indigne de leurs attentions. L'œil ébloui par le rayon d'un soleil ardent, se couvre comme d'un nuage et ne distingue plus les objets, lorsque l'ombre succède subitement au soleil : ainsi encore en est-il des esprits perdus en Dieu et dans la contemplation de ses œuvres. Ils ont perdu de vue la terre et ses mille vanités; ils font peu de cas de tout ce que les autres n'estiment tant que parcequ'ils ne connaissent rien de plus grand. Pour Denys, intimement convaincu que cette vie est un néant et ce monde une chimère, il s'en détachait autant qu'il était en lui de le faire et il s'élevait à Dieu, s'attachait à Dieu, se fixait en Dieu ; et là il voyait, il entendait, il goûtait ce qu'il est donné à peu d'âmes de voir, de goûter et d'entendre ; puis redescendant, pour ainsi dire, sur la terre, il en rendait témoignage dans le plus magnifique appareil de l'éloquence humaine.

C'eût été selon lui, une profanation, un manque de religion que de rendre en termes vulgaires des mystères si relevés et si dignes de respect, et dans cette persuasion, il cherchait à égaler en quelque sorte, la magnificence et la pompe du langage à l'honneur et au respect qu'il devait à Dieu. Il imagina pour cela comme une nouvelle langue qui, par sa composition, rendrait d'une manière plus parfaite les attributs et les perfections divines. Certains esprits étroits dont l'audace, comme on sait, est toujours en raison directe de la légèreté, par un effet d'ignorance ou de malveillance, aimèrent mieux attribuer cela à une manie de style, à une affectation d'orateur, qu'aux pieuses inventions du saint qui veut par là honorer les mystères et la majesté de son Dieu. Ce qui est pis encore, c'est que épiloguant sur les mots, ils déprécient ses discours par le ridicule au lieu d'admirer son genre d'éloquence et de respecter la piété. Pour moi, je n'ai garde de partager une semblable manière de voir et d'agir.

Je suis persuadé que ces paroles lui ont été suggérées par le même esprit qui lui faisait voir les mystères du ciel. Car l'homme de Dieu ne prit jamais la plume qu'il ne se fût auparavant attaché à l'esprit divin par une fervente prière qui lui servait comme d'une chaîne céleste pour se soulever de terre et s'unir à Dieu. Enfin la parole de Dieu, ses saints oracles étaient ses privilèges si habituels que dans ce qui regardait son ministère, il n'entreprenait jamais la moindre chose sans avoir été éclairé, ou par une vision céleste, ou par une réponse directe. Ainsi, il ordonna une foule de diacres, de prêtres et d'évêques, mais aucun sans que Dieu ne le lui eût indiqué. C'est la méthode qu'il conseille aux évêques et qu'il appuie d'une quantité d'exemples. Et voici à cette occasion ce qu'il avait réglé dans son Eglise.

S'il se trouvait un passage obscur des saints livres dont les ministres inférieurs ne pussent résoudre la difficulté, ceux-ci devaient aller trouver les prêtres, et les prêtres en cas d'embarras, le consulteraient lui-même. S'il ne voyait point de solution apparente, il allait directement (à moins que les apôtres ne fussent là pour l'éclairer) dans le fond du sanctuaire, consultait Dieu lui-même qui lui faisait connaître ses volontés par le ministère d'un ange. En effet, pour apprendre comme pour enseigner, c'est le même ordre qui est établi dans la hiérarchie ecclésiastique et la hiérarchie céleste: les évêques sont sur la terre ce que les séraphins sont dans le ciel, et de même que les esprits inférieurs reçoivent la science de la bouche des esprits supérieurs, ainsi dans l'Eglise les ordres doivent se la transmettre en raison de leur dignité respective. Or, ceux qui sur la terre sont au suprême degré de la hiérarchie, ne peuvent recevoir que de Dieu même la connaissance de ce qu'ils ignorent; de même que dans le ciel, les séraphins puisent à la source même, c'est-à-dire en Dieu, la science qu'ils transmettent aux autres esprits.

Ainsi, Denys avait puisé sa connaissance des mystères sublimes des choses élevées, en partie dans l'étude des saintes lettres, en partie dans les enseignements de Paul et d'Hiérothée ; mais grâce à ses prières, à ses méditations, à ses contemplations, il en était beaucoup moins redevable aux hommes qu'à Dieu lui-même et à ses anges. Quand nous voyons en effet, notre Dieu, dans sa bonté infinie, faire amitié avec l'homme qui est tant au-dessous de lui, révéler même au simple fidèle son ami, ses conseils et les secrets de sa science éternelle ; alors nous comprenons ce qu'il dut faire en faveur de Denys cet athlète infatigable, cet apôtre intrépide dont la pureté de cœur incomparable devait si puissamment attirer les regards amis de Dieu.

Oh! quelles lumières il dut lui communiquer! quelles révélations mystérieuses il dut lui faire, soit pendant le jour, au milieu de ses ferventes prières, soit dans le calme des nuits pendant les heures du sommeil! Car s'il est vrai de dire d'un côté que Dieu est un soleil d'un éclat extraordinaire, et de l'autre, que l'âme de Denys est un miroir extrêmement transparent; s'il est vrai encore que ce soleil éblouissant par la force de sa nature darde continuellement ses rayons et que l'âme de Denys était toujours comme un miroir fidèle disposé à les refléter: dès lors, peut-on comprendre que l'âme de l'apôtre fût un seul instant sans être éclairée de ce soleil illuminateur? Et remarquez qu'il n'en est point des régions de l'âme, comme des régions de l'air, où les nuages s'amoncèlent et s'interposent entre le soleil et nous. Car l'âme du juste est au-dessus de la terre, elle est plus élevée que l'air et les nuages, en un clin d'œil elle pénètre dans le sein de Dieu.

Denys était tellement embrasé par le foyer de l'amour céleste qu'il était toujours uni à Dieu et qu'il respirait, pour ainsi dire, son souffle divin. Mais c'était surtout lorsque le trouble envahissait le monde (comme il arriva sous le féroce Domitien), lorsque l'Eglise était pressurée par la persécution, que l'âme de l'apôtre s'exilait dans le sein de Dieu pour y implorer la miséricorde. A la vue de cet empereur, insupportable tyran, qui au cynisme de l'impiété joignait un orgueil démesuré, (il ne se contentait plus du nom de maître, mais il exigeait qu'on l'appelât et qu'on l'honorât comme un Dieu), dans la sage prévision des tempêtes que cet audacieux pilote de la mer du monde allait soulever autour de la barque de Pierre, Denys comme un vigilant pasteur qui a toujours à cœur le salut de son troupeau, s'attacha plus que jamais à l'unique vrai Dieu, le pria avec plus d'ardeur, réclama ses conseils et ses lumières avec plus d'instance qu'il n'avait encore fait jusque-là. Et Dieu lui dévoilant l'avenir, le saint apôtre contempla les événements futurs ; il vit les récompenses qui attendaient les siens après la lutte, et cette vue le consola sur les douleurs présentes et sécha les larmes que lui arrachaient les malheurs de la sainte Eglise.

Le tyran continuait de la ravager. Du collège apostolique il ne restait plus qu'un seul membre, en qui reposait le salut de tant d'âmes, c'était l'apôtre bien-aimé de Jésus. Le tyran que la rage diabolique poussait au mal, s'était acharné à cette proie. Il l'avait plongé dans une cuve pleine d'huile bouillante, et l'apôtre étant sorti sain et sauf, Domitien l'avait relégué dans l'île de Pathmos. Denys, qui savait combien la vie de saint Jean était précieuse pour l'Eglise et combien, dans ces circonstances difficiles, il importait à la religion de conserver son dernier apôtre, ne cessait de prier pour son salut, ni le jour, ni la nuit. A l'exemple du patriarche Jacob, il entra en lutte avec Dieu, lui faisant en quelque sorte violence afin qu'il conservât à son peuple l'unique mur de défense qui lui restait contre les attaques des bêtes féroces.

Abrégeons: Dieu qui est supérieur à tout et invincible de sa nature, se laissa vaincre par la prière du juste: il avait fait Jean son apôtre; il le fit son évangéliste; mais avant d'en venir là il voulut communiquer son dessein à Denys. De même qu'autrefois il avait apparu au patriarche Abraham dans les ardeurs du jour, de même apparut-il à Denys au milieu des ardeurs de la charité dont cet apôtre brûlait pour l'Eglise. Il lui révéla donc à l'avance ce qu'il allait opérer dans le noble exilé de Pathmos: il lui dit que Jean échapperait aux embûches de ses ennemis, qu'il rentrerait dans son Eglise et qu'à son retour il y écrirait un évangile; mais un évangile qui confondrait les artisans du mensonge, les propagateurs des erreurs nouvelles et vengerait sa divinité méconnue. Denys fut si réjoui de ces bienveillantes autant qu'heureuses révélations, qu'il ne put, malgré sa discrétion ordinaire sur ces choses, en faire plus longtemps un secret. Il envoya à Jean, que Domitien retenait toujours captif dans Pathmos, une lettre pleine de ses transports et dans laquelle il lui rapportait tout ce qu'il avait appris du ciel. Comme j'ai cette lettre sous la main, je crois devoir la citer tout au long dans le chapitre qui va suivre.

CHAPITRE XIV.

LETTRE DE DENYS A JEAN EXILÉ A PATHMOS. — RÉVÉLATIONS SUR LES CHOSES SAINTES.

Denys à Jean, apôtre.

Illustre et cher apôtre, je salue votre sainte âme, « j'ai plus que tout autre le droit, le privilège de « vous appeler *cher apôtre.* Salut donc à vous « apôtre véritablement cher, chéri surtout de celui « qui est l'aimable, le désirable par excellence. Qu'y « a-t-il donc de si étonnant en ce que Jésus-Christ « dise la vérité et que les amis du mensonge la re- « poussent quand on la leur prêche, se réservant seu- « lement d'en prendre ce qui leur conviendra ! N'est- « il pas en quelque sorte naturel que, se sentant « mauvais et impies, ils s'éloignent, se séparent vo- « lontairement des saints de Dieu ? Tout ce qui se « passe sous nos yeux est la figure de ce qui doit « arriver plus tard. Dieu, en effet, dans les siècles à « venir, fera la séparation terrible qui éloignera de « lui les pécheurs ; cependant, il n'en sera ni l'auteur

« ni la cause, elle ne sera imputable qu'à ces hommes « pervers qui en ce monde se sont entièrement séparés « de lui. A leur côté on voit les fidèles entièrement « unis à leur Dieu. Amis de la Vérité ils se dépouillent « de toute affection terrestre, et ayant ainsi fait le « vide dans leur âme de tout ce qui peut y porter le « trouble et l'amertume, ils trouvent la paix et le « bonheur dans l'amour du bien suprême. La vie du « temps devient ainsi pour eux l'avant-goût de la vie « future. Gardant en effet comme un milieu angéli- « que entre les hommes et le ciel même, ils ont les « attributs des divinités bienfaisantes et en méritent « le nom.

« Dieu me garde de penser que les maux de cette « vie vous atteignent ; non, illustre apôtre, tous les « maux du corps, vous les voyez, vous les discernez, « mais vous n'en ressentez aucune douleur : Je ne « vous plains donc pas, mais je plains ces insensés « qui dans leur égarement ont pris à tâche d'éteindre « ce soleil brillant de l'évangile. Je prie Dieu de les « convertir et de les faire participants des lumières « dont vous éclairez le monde. Pour nous, quoi qu'il « arrive, nous ne serons point privés de vos rayons « illuminateurs, maintenant nous nous consolons de « votre absence par la pensée que vos enseignements, « et votre doctrine nous seront accordés, et que bien- « tôt (car je ne puis le cacher plus longtemps, bien « que cependant il soit peut-être téméraire de le dire) « nous nous réunirons et nous nous embrasserons en

« Jésus-Christ. Mon témoignage en cela est digne de « foi, car il repose sur la révélation de Dieu même. « Selon sa parole infaillible, vous sortirez de votre « exil de Pathmos, vous irez en Asie, vous y écrirez « les imitations du bon Dieu, pour les transmettre à « la postérité. »

Voilà la lettre de Denys pleine de l'esprit de charité et de prophétie, car tout ce qu'il y prédit ne tarda pas d'avoir son accomplissement.

Domitien était mort. Dans les excès de son orgueil et de sa cruauté il avait perdu à la fois l'empire et la vie. Le Sénat s'empressa d'annuler ses actes, et Jean, ce disciple que Jésus aimait, put sous le règne de Nerva quitter l'exil et retourner en Asie.

C'est là, qu'âgé de quatre-vingt dix ans, il écrivit son évangile si propre à porter les hommes à l'imitation de Jésus-Christ, ce qui le faisait appeler par Denys *les Imitations du bon Dieu*. Comment louer ici la bonté de notre Dieu, comment exalter convenablement sa touchante et paternelle bienveillance à l'égard de ses serviteurs, quand on le voit toujours et en tous lieux à côté de ses amis, parlant familièrement avec eux, leur révélant ses secrets, répondant à leurs interrogations, prévenant leurs désirs et leur découvrant quelquefois des mystères ineffables, comme pour donner par là des marques plus sensibles de l'excès de son amour.

Que n'a-t-il pas, en effet, révélé à Denys soit sur les hommes, soit sur les anges, ou bien encore sur lui-même? Ses écrits nous l'attestent, nous convainquent de ces continuelles communications avec l'esprit saint, touchant les choses cachées qui sont les secrets de Dieu. Voyez seulement, dans cette conjoncture si périlleuse pour l'église, il avait prévu non seulement que Jean sortirait de l'exil, mais que Domitien serait victime de ses excès, et que lui-même jouirait de la vue du disciple bien-aimé : voilà tout ce que l'esprit de Dieu lui avait fait connaître. Dans ces premiers siècles, il arrivait souvent que de simples fidèles même avaient des révélations sur une foule de choses; mais aucun d'eux ne saurait être mis en parallèle avec Denys. Ecartez en effet l'apôtre Jean à qui on ne doit rien comparer, puis les évêques Tite, Timothée, Hiérothée, et Carpus disciples de Paul, Ignace, Polycarpe, Papias disciples de Pierre et de Jean, et montrez ensuite un saint de ce temps qui puisse soutenir la comparaison. Que dis-je ! Tite et Timothée (et après eux on peut juger des autres) ne proclament-ils pas que Denys a été le plus favorisé des révélations divines, ne les voit-on pas demander ses conseils, requérir ses lumières pour l'explication des difficultés de l'écriture?

En vain le téméraire et l'impie me diront-ils que c'était seulement pour ces premiers âges que le soleil de justice répandait dans les âmes élevées comme sur de hautes montagnes les torrents de sa divine lumière, mais que maintenant, à cette heure de la décrépitude du monde pour ainsi dire, Dieu garde ses secrets mystères dans son sein adorable sans les révéler à personne. Je leur répondrai que Dieu est immuable, que par conséquent il est, à toutes les époques, également bon et libéral; que jamais il n'a cessé, que jamais il ne cessera de répandre ses dons où il trouvera des vases préparés à cet effet, et il en trouve en tout temps. Ah ! plût à Dieu que les âmes des hommes fussent aussi avides de recevoir que ses mains le sont de donner ! Et si l'on a à gémir maintenant sur la rareté des communications divines, des biens célestes, ce n'est pas à Dieu qu'il faut s'en prendre, car, il est toujours infiniment bon et infiniment riche ; mais à l'homme indifférent, à l'homme qui ne reconnait point sa pauvreté, qui oublie Dieu et les biens qu'il promet.

Il ne tient qu'à vous de recevoir les mêmes faveurs que Denys, à la condition toutefois d'avoir ses mérites. Ayez donc ses vertus; commencez par avoir une grande connaissance et par suite un profond mépris de vous même. Ne vous préférez à personne ; mais mettez tout le monde au-dessus de vous ; abstenez-vous non seulement des grands crimes, mais aussi des moindres fautes, autant que cela est possible à la fragitité humaine. Enchaînez toutes les puissances et affections de votre âme au joug inexorable de la raison ; n'estimez qu'à leur médiocre valeur tous ces biens terrestres que vous foulez de vos pieds, en indiquant assez par là leur indignité et le mépris qu'ils méritent. Souvenez-vous toujours que l'âme est la maîtresse, le corps le serviteur ; et traitez-les en conséquence, songeant d'abord à la nourriture de l'âme avant de s'occuper de celle du corps. Qu'on ne vous voie rechercher ni la nourriture ni la boisson qu'autant qu'il en faut pour soutenir la nature contre la fatigue, c'est-à-dire avec modération et sobriété. Gardez-vous de briguer les dignités, les honneurs, et tout ce qu'on appelle grandeur parmi les hommes, bien que ce soit petitesse et misère devant Dieu ; mais rejetez-les plutôt loin de vous, pour vous attacher de préférence à la paix intérieure et à la gloire de Dieu. Appliquez-vous de toutes vos forces à fixer vos pensées dans la connaissance de Dieu, votre mémoire dans le souvenir et la reconnaissance pour ses bienfaits, votre volonté dans l'abandon à ses volontés éternelles, afin que selon la recommandation de Denys vous sortiez entièrement de vous même pour être tout en Dieu. Que si, à l'exemple de cet apôtre, vous êtes désireux de travailler à la gloire divine ; si vous la cherchez au détriment de votre repos ; si souffrir pour Jésus-Christ vous parait préférable à jouir avec le monde, oh ! alors, n'en doutez pas, vous sentirez votre cœur s'ouvrir, se dilater : vous serez rempli de la douceur des révélations divines, sans parler de beaucoup d'autres dons que l'amitié avec Dieu suppose nécessairement. Quiconque est pur et aimant avec les saints, sera glorifié et couronné avec les saints.

Denys a passé par tous ces différents degrés de la sanctification. C'est cette voie qu'il a suivie pour arriver à cet éminent degré de perfection et de gloire ;

et nous en avons une preuve éclatante et incontestable dans ses écrits et ceux des autres saints. Il n'entre point dans notre plan de parler ici des autres saints personnages qui ont pu chacun en leur temps s'élever comme Denys à cette haute sainteté. Nous en indiquerons bien plus tard quelques uns ; mais nous laissons le gros de cette tâche à d'autres écrivains. Présentement, nous avons hâte d'arriver aux autres glorieux gestes de notre saint.

CHAPITRE XV.

TRAVAUX APOSTOLIQUES DE DENYS A PARTIR DES DERNIÈRES ANNÉES DE DOMITIEN JUSQU'A L'AVÈNEMENT DE TRAJAN.

La cruauté de Domitien, surtout dans la dernière période de son règne, fut immense comme le monde : aucun point de l'univers qui ne lui servît de théâtre. Sous cet autre Néron, on ne vit en tout lieu que l'exil, la torture et le sang. L'apôtre saint Jean supplicié, les pontifes sacrés immolés, les évêques persécutés et la plus noble partie du troupeau de Jésus-Christ tourmentée en mille manières, tels sont les ravages que ce tyran fit dans l'église de Dieu. Nulle part elle ne fut à l'abri de ses atteintes : ni en Gaule, ni en Germanie, où Denys excerçait l'apostolat, et il y a tout lieu de croire que dans ces sinistres circonstances, il eut beaucoup à souffrir, soit dans sa personne, soit dans ceux qu'il avait engendrés à la foi : car l'apôtre a aussi ses enfants bien aimés, et les douleurs qu'ils éprouvent lui sont plus sensibles que les siennes propres.

Or, la divine Providence, dont les vues sont impénétrables, ne permit pas que son apôtre des Gaules fût emporté par cette tempête, mais le réservant à d'autres épreuves plus reculées elle voulut qu'il demeurât pour guider au combat les jeunes athlètes du Seigneur, et soutenir les faibles dans la lutte. Aussi le voyait-on partout, et quand, par l'effet d'une inspiration d'en haut, il sentait que l'ennemi se porterait de tel ou tel côté, il le prévenait en toute diligence: c'est là que l'habile général établissait son centre d'action, travaillant sans relâche, et mettant aux mains de son peuple les armes terribles de la foi.

Il eut la consolation de se voir en cela puissamment secondé par ses collègues dans l'épiscopat. L'un d'eux entre autres, courbé déjà sous le poids des ans et aussi sous le poids bien plus grand encore de ses mérites, (il s'agit ici du bienheureux Eutrope, disciple de saint Pierre et dont nous avons dit un mot déjà), (1) soutint dans ces conjonctures un glorieux combat pour Jésus-Christ. Après des travaux inouïs pour implanter la foi dans la Saintonge et agrandir le divin bercail, le démon arma contre lui les passions humaines; on se souleva, on l'accabla de pierres, on le frappa avec des bâtons, et enfin on lui abattit la tête d'un coup de hâche. La constance prodigieuse avec laquelle ce saint martyr endura tous les tourments, son éclatant triomphe aux yeux de la foi, com-

(1) Au chapitre X du présent ouvrage, page 123 et suiv.

blèrent d'une sainte joie tous les fidèles chrétiens, mais particulièrement le cœur de Denys qui trouva là un dédommagement à ses amertumes du moment, et pour perpétuer le souvenir d'un si heureux évènement, il écrivit en grec les actes du martyre de ce saint évêque. Il crut aussi en devoir envoyer un exemplaire au Pape Clément qui ne pouvait manquer de le recevoir avec bonheur, car ce Pape, lorsqu'il avait envoyé Eutrope en Gaule, lui avait prédit son genre de mort. Denys expédia donc sa relation à Rome où Clément résidait et gouvernait ; et il y joignit une lettre dans laquelle il priait le souverain Pontife de faire transmettre à ses amis et parents d'Athènes une copie des actes relatés. Notre saint, dans sa pieuse et prévoyante sagesse, savait bien que la lecture d'un si généreux combat et d'un si beau triomphe ne pouvait qu'exciter la joie au cœur de ses chers compatriotes, et les animer eux-mêmes à braver de semblables périls.

Ainsi s'établissait, dès les premiers âges de l'Eglise, la louable coutume d'écrire les actes des plus célèbres martyrs et de les envoyer aux frères éloignés comme un gage d'amitié en Jésus-Christ et un aiguillon pour stimuler la foi dans les cœurs. Les actes dont nous parlons n'existent plus et c'est une perte bien regrettable. Il nous serait si agréable de voir ce beau travail de Denys, ce chant de joie en l'honneur d'un saint ami martyr ; et cette lecture serait si profitable à notre faiblesse !

Mais laissons à l'oubli la proie que nous ne pouvons

lui arracher désormais, et disons maintenant comment le calme s'est fait soudain au firmament de l'Eglise, parce que le bras du seul (1) vrai Dieu avait anéanti celui qui y soulevait les tempêtes : les œuvres et la fin du tyran ont prouvé suffisamment qu'il usurpait les noms de Dieu et de Seigneur.

Nerva succéda à Domitien, c'est-à-dire la modération succéda à l'arrogance ambitieuse et la douceur même à la férocité. Il lui succéda comme la santé à à la maladie, le jour à la nuit, et la lumière aux ténèbres. Enfin une brillante aurore parut à l'horizon brumeux qui enveloppait l'Eglise, quand l'empereur Nerva, comme un astre bienfaisant, dissipa par son éclatante clémence, les épaisses ténèbres que la cruauté avait étendues sur le monde.

Alors on vit les chrétiens surgir de tous côtés ; ils sortirent de leurs poudreuses retraites comme des morts qui secouent la poussière des tombeaux ; les proscrits retrouvèrent leurs biens, on rétablit les réunions habituelles, et la charité réunit bientôt en un seul corps ces membres souffrants que la crainte avait disloqués. Alors aussi reparut Jean, la plus belle gloire de l'église, ce véritable fils du tonnerre, Jean, nouveau Moïse, avait gravi la montagne de la tribulation ; comme Moïse il avait reçu son évangile au sein des éclairs et au bruit du tonnerre, et quand tout ce

(1) C'est ici une allusion à la coutume impie qu'avaient ces empereurs de se faire donner, à eux mortels et couverts de crimes, le nom incommunicable.

fracas fut apaisé, l'homme de Dieu quittant son île, séjour sanctifié par sa présence, descendit au milieu des siens, revint à Ephèse dans les bras de ses chers fidèles, et combla la joie générale par la publication de son évangile. Aussitôt la nouvelle vole de bouche en bouche et de nation en nation, portée sur les aîles de la foi et de la piété.

Quelle fut alors surtout la joie de Denys quand il apprit cette nouvelle par l'oracle même qui lui en avait prédit le futur accomplissement ! Il ne put la tenir sous le secret : il l'annonça à son peuple et en fit rendre au ciel des actions de grâces. La voilà donc heureusement transformée la naissante église de Jésus-Christ, naguère encore si comprimée, si désolée ; maintenant elle lève la tête, elle sourit au soleil bienfaisant qui la protège, et respirant à plein poumons l'air vivifiant de la liberté, elle entonne avec amour et avec foi ses hymnes et ses cantiques spirituels en l'honneur du vrai Dieu. Chaque jour assure ses conquêtes passés, ou lui en procure de nouvelles. Car l'église c'est une vigne : plus on la coupe plus elle pousse, plus elle s'étend.

Dans ces circonstances d'heureux développement, notre saint pasteur toujours à l'éveil sur tous les besoins, eut soin d'ordonner de nouveaux évêques et de nouveaux prêtres pour les églises nouvelles. Du nombre de ces nouveaux ordonnés fut Sanctin, que saint Denys envoya d'abord pour affermir dans la foi le pays chartrain, et qu'il mit ensuite à la tête de l'Eglise de Meaux. C'est dans ces conjonctures que Denys toujours enflammé d'un vif désir de voir saint Jean, se hâta de mettre ordre aux affaires ecclésiastiques de toute la Gaule, puis ayant recommandé au peuple fidèle une entière obéissance à l'égard des ministres qu'il allait placer à leur tête pendant sa courte absence, il entreprit son voyage, toujours accompagné par les vœux de ses chers chrétiens, aux sentiments desquels nous allons nous associer en le racontant comme il suit.

CHAPITRE XVI.

DÉPART DE DENYS POUR L'ASIE OU IL VA VOIR L'APÔTRE SAINT JEAN. — RETOUR EN GAULE.

Comme c'est le propre des saints de ne rien faire ni dire que dans l'Esprit-Saint et de ne rien entreprendre sans une consultation préalable, pour ainsi dire, de la divinité; aussi est-ce pour eux une constante et sainte habitude dans leurs voyages de long cours, d'avoir toujours l'esprit attaché sur Dieu, se reposant en Dieu. De là vient que l'ange du Seigneur les accompagne, les précède, écarte les obstacles qui pourraient se rencontrer sur leur route : et ainsi tout réussit au gré de leurs désirs, et tous les pas qu'ils font dans leurs voyages sont comme autant de pas faits dans le chemin de la sainteté et de la perfection. C'est ce qui arriva aux apôtres, aux disciples des apôtres, et particulièrement à Saint Denys. En quelque pays qu'ils se rendissent, sur quelque rivage qu'ils abordassent, ces hommes de Dieu étaient toujours reçus comme les anges, les envoyés du Seigneur, et accueillis avec tous les égards et les pieux empressements de la charité. Et la raison en est évidente : car ces saints hôtes apportaient, sous les toits qu'ils visitaient, des biens véritables cent fois préférables à tout ce qu'ils pouvaient recevoir d'ailleurs eux-mêmes. Ils apportaient, ne l'oublions pas, la doctrine de vie, la science des saints, les exemples de la sainteté, le miroir de la sagesse, et quelquefois même (imitateurs de la générosité d'Elie pour la veuve de Sarepta), ils multipliaient par un prodige les provisions nécessaires à la vie. De même qu'Elie le prophète avait multiplié la poignée de farine et les quelques gouttes d'huile de cette bonne veuve et avait ensuite rappelé son fils du tombeau ; ainsi, guidés par le même esprit, les disciples du Christ, les pontifes de la loi nouvelle, pour accomplir le précepte du maître, en se rendant dans une ville, ou dans une maison, donnaient la paix à cette maison et à cette ville. Et cette paix était un germe fécond de toute sorte de biens, et même, quand l'occasion, ou la nécessité de la religion le demandaient, ils rendaient la santé aux malades et la vie aux morts. Tous ces prodiges étaient en leur puissance, et nous avons dit en son lieu que Denys eut aussi cette glorieuse prérogative des Saints.

Pour en revenir à son voyage, il passa donc de la Gaule en Asie. Ni la longueur de la route, ni la pesanteur des années (il avait alors près de 90 ans) ne purent ébranler ses résolutions. Il fit cet immense trajet en répandant sur son passage en tous lieux avec sa persuasive éloquence, les semences de la foi et les parfums de ses vertus. Quelle joie pour les fidèles de connaître cette nouvelle colonne de l'Eglise, ce nouvel appui de la religion! Quel bonheur de pouvoir recueillir de ses lèvres éloquentes et déguster ce miel sacré de la doctrine évangélique puisée au cœur même des apôtres! Comme ils ne pouvaient le retenir plus longtemps, ils voulurent au moins l'accompagner et lui faire cortège en grand nombre, sachant tout ce qu'il y a de suavité et de douceur inexprimable dans la société des saints personnages, surtout de ceux qui ont joui de l'intimité des apôtres.

Enfin, voici Ephèse, cette ville tant désirable comme l'indique son nom. En un instant Denys sera en face de son maître bien-aimé, de ce disciple que Jésus aimait. Quelle entrevue et comment en peindre les sentiments! ils eurent tant de bonheur de se voir, tant d'attrait à s'entendre, à se parler; leurs âmes se fondaient tellement ensemble, qu'ils semblaient être absorbés l'un dans l'autre et ne faire plus qu'un. L'aigle évangélique considérait Denys comme son cher aiglon, si j'ose ainsi dire; il aimait à le voir regarder fixement le soleil, et brûler dans un corps mortel de ces vives ardeurs dont les anges seuls paraissent capables. Il reposait sur lui ses yeux, son cœur, avec délices, et l'échauffait de sa charité immense: puis il prenait plaisir à lui faire parcourir les mondes des mystères; le promenant çà et là dans les détours sinueux et infinis des révélations sublimes, et voyant avec bonheur, qu'il pouvait le ravir, mais jamais le troubler.

Denys de son côté était comme absorbé dans son amour et son respect. Il voyait, contemplait cet apôtre de Dieu, cette lumière du monde, cette couronne de l'Eglise, ce prophète des siècles, l'assistant du roi des rois, le fils, le gardien et l'héritier de la grande reine, il l'entendait, le vénérait, et ne pouvait se lasser de le vénérer et de l'entendre. Lorsqu'ils eurent ainsi passé ensemble plusieurs semaines, ou plutôt plusieurs mois, à s'entretenir sur les progrès de l'évangile dans les différentes parties du monde, et aussi sur les erreurs qui venaient de paraître et les novateurs qui les avaient introduites, Jean lui fit don de son évangile tout récemment publié et encore tout imprégné en quelque sorte du parfum céleste de l'inspiration divine ; puis il lui donna sa bénédiction dernière et l'exhorta à retourner aux rivages occidentaux, où l'attendaient les palmes glorieuses du martyre. Malgré la peine qu'il éprouvait à se séparer de cette merveille du monde, Denys n'eut garde cependant de résister à la volonté divine, et plaçant les intérêts de Jésus-Christ avant toute satisfaction personnelle, il reprit le chemin des Gaules.

Son retour fut plus triomphant encore que ne l'avait été son départ : des villes, des peuples entiers couraient à sa rencontre, l'introduisaient dans leurs murs et l'y retenaient en quelque sorte malgré lui.

Alors sans doute, il revit cette chère église d'Athènes, qu'il avait fondée, et ces villes voisines qu'il avait converties à Jésus-Christ. Etant leur Père dans la foi, sa charité se devait à elle-même d'aller donner à ces premiers nés le baiser de la paix. Grand Dieu! quel dût être l'empressement de ces pieux fidèles; quel dût être leur concours auprès d'un concitoyen, d'un docteur, d'un pasteur et d'un père ! que de fois on voulut le visiter et recevoir ses encouragements! Aucun temple, aucun lieu sacré ne pouvait suffire à la foule immense. Et quelle matière abondante pour ses discours! Tantôt il leur racontait les progrès de l'évangile, les fondations des églises nouvelles surtout en Gaule, le zèle des ouvriers qui cultivaient ces vignes naissantes, les glorieuses luttes des martyrs de la foi dans ces contrées. Tantôt il leur parlait de ce qu'il avait vu dans son séjour en Asie, il leur racontait les merveilles qu'on lui avait apprises sur le disciple que Jésus aimait, pour qui maintenant l'univers entier professait la plus grande vénération, et pour la conservation duquel les fidèles faisaient au ciel des vœux incessants.

Les paroles du saint étaient recueillies précieusement, et chaque fidèle s'efforçait de les graver profondément en sa mémoire, afin de les redire plus tard à ses descendants. Denys avait surtout pour but de faire passer dans l'âme de ses auditeurs des sentiments de respect et d'amour pour les saints qu'il préconisait et dont il citait de temps en temps dans ses discours quelques maximes vraiment ravissantes de beauté et de vérité. Et après avoir ainsi stimulé ses auditeurs à l'amour, à l'imitation des saints, il leur inspirait l'horreur et le mépris pour ces audacieux novateurs qui, s'insurgeant contre la vérité prêchée par ces grands hommes, osaient, dans leurs discours impies et sacrilèges, nier la divinité de Notre Seigneur Jésus-Christ : (il faisait allusion à Ebion, Cérinthe et autres). Il avait, disait-il, contre ces mécréants, un insigne témoignage, celui de Jean l'apôtre de Dieu, devenu évangéliste à cette heure même : lequel apôtre dès le début même de son évangile, lance contre eux ces énergiques paroles, comme un éclat de foudre qui, avec le bruit du tonnerre, doit les réduire en poussière : « Au commencement était le Verbe, et « le Verbe était en Dieu, et le Verbe était Dieu, » et le reste, qui prouve invinciblement la divinité de Jésus-Christ.

Après avoir ainsi visité et confirmé dans la foi les églises de la Grèce, il se dirigea sur l'Italie, afin d'y visiter encore son ancien ami et collègue, le Pape Clément. L'amitié, l'autorité suprême du Pontife, les affaires à régler, tout l'obligeait de faire à Rome un séjour prolongé. C'est alors qu'une circonstance imprévue vint en quelque sorte réveiller en Denys l'esprit de prophétie.

Le saint Pape venait de baptiser un jeune romain, nommé Taurinus, à l'invitation de sa mère Eutychie qui était chrétienne, et à l'insu de Tarquin son père encore infidèle. Après le baptême, Clément confia l'éducation de ce jeune homme à Denys, et en le lui remettant, il lui rapportait un songe que la pieuse mère avait eu sur son fils. Ce songe selon toute probabilité présageait la future sainteté de l'enfant, car elle avait vu un lys odoriférant sortir de son sein. Denys jeta les yeux sur ce jeune homme et laissa échapper soudain ce cri prophétique : « O mon fils, « vous aurez de grands combats à livrer pour Jésus-« Christ, » et la prophétie ne se réalisa que trop. Ayant pris congé du Souverain Pontife, Denys se disposa à retourner en Gaule, mais cédant aux prières de la mère chrétienne qui craignait pour son fils de la part d'un père infidèle, il dut emmener en Gaule le nouveau chrétien au sujet duquel il avait prophétisé. Là Denys l'instruira, l'enrôlera dans le sacerdoce, et dans la prévision assurée de ses glorieuses luttes pour Jésus-Christ, il le consacrera évêque, comme nous le verrons plus tard.

Impossible de décrire les joies et les manifestations que provoqua le retour de Denys dans la Gaule. Ils l'avaient tant désiré ces chers néophytes, ils l'avaient si longtemps attendu ! enfin ils le retrouvaient ! Ce pasteur incomparable reparaissait parmi eux plein de vie et semblant avoir puisé dans la fatigue même une nouvelle jeunesse. Tout porte à croire qu'il aura débarqué à la ville d'Arles (c'est le point du littoral le plus rapproché de l'Italie), et qu'à sa descente, il aura rappelé aux habitants son premier abordage dans cette cité lors de son arrivée en Gaule. Il leur aura dit quel trésor il apportait dans leurs murs en leur donnant le divin évangile de St-Jean. Quelle n'aura pas été alors l'allégresse de ces chrétiens chez qui la mémoire de l'apôtre était en bénédiction! quels transports lorsqu'ils auront eu reçu des mains du Pontife, cet évangile présent incomparable et descendu du ciel! Après un séjour convenable dans cette ville pendant lequel il s'informa de l'état de cette chrétienté et leur communiqua ses avis, il marcha sur Paris, toujours accueilli par des ovations et conduit comme en triomphe. Que fit-il à son arrivée parmi les siens: c'est ce que nous allons dire dans le chapitre suivant.

CHAPITRE XVII.

RETOUR A PARIS. — DERNIERS PROJETS. — PREPARATION AU COMBAT POUR LA FOI.

Pendant la durée du voyage, les Parisiens plus que tous les autres, avaient craint de perdre le Saint Pontife; plus que tous les autres aussi, ils se réjouirent de son retour. Leurs transports furent d'autant plus grands qu'ils n'avaient plus désormais de séparation à craindre, à cause de l'âge très-avancé de leur évêque (il avait passé sa 90e année). Leur allégresse s'appuyait donc sur une espérance certaine. Lorsqu'on sut qu'il approchait de la ville, on envoya à sa rencontre une députation des hommes les plus recommandables; chacun se pressa à leur suite et une foule immense lui forma bientôt un magnifique cortège; on l'embrassait, on le félicitait de son retour, et toute la multitude témoignait de sa joie et de son bonheur par des démonstrations extraordinaires.

Le Pontife est dans le temple, il va parler à son peuple... Dieu! quelle attente! quel silence dans cette foule compacte ! quels signes d'admiration ! quels tonnerres d'applaudissements; et aussi quels torrents de douces larmes coulent de tous les yeux ! Sa parole était si touchante; il leur racontait combien Dieu avait béni son voyage, il leur parlait de ces saints personnages qu'il avait eu le bonheur de voir et d'entendre dans les différentes contrées. Mais il les entretenait surtout de Jean, cet apôtre, témoin dont la survivance au milieu du monde était un prodige pour le monde. Il leur rapportait, disait-il, son évangile sorti tout récemment de la plume inspirée; évangile qui ne vient que le dernier à la vérité, si l'on considère le temps de sa composition, mais qui mérite le premier rang par la grandeur des choses et la profondeur des mystères qu'il contient, évangile où l'on trouve comme un supplément donné par l'Esprit-Saint aux omissions des autres, et des développements, des éclaircissements nécessaires sur une foule de traits rapportés par les premiers évangélistes d'une manière trop courte ou trop concise.

Et pendant qu'il leur parlait ainsi de Jean, qu'il leur racontait tout ce que l'illustre exilé avait fait à Pathmos, et faisait maintenant à Ephèse : les prodiges multipliés, les malades guéris, les morts ressucités; quand par ces récits touchants, ces peintures animées, il les engageait à embrasser la doctrine d'un si saint apôtre, à imiter ses austères vertus; les esprits s'embrasaient d'une ardeur incroyable, et tout ce qu'ils avaient fait de bien jusque-là ne leur apparaissait que comme une bagatelle au prix de ce qu'ils se promettaient de faire pour Jésus-Christ. Car il est impossible de dire quelle est la puissance magique des exemples pour ainsi dire animés donnés par des personnes qui sont encore vivants, quand ces exemples sont préconisés à propos par une bouche digne de parler le langage de la vertu. Le sage nous en fait conprendre la portée quand il dit que les paroles proférées en tout temps sont des pommes d'or sur des vases d'argent. C'est bien là ce que faisait alors Denys dans la chaire : car non seulement ses paroles étaient dites en leur temps, mais elles étaient dites avec tant d'âme et de conviction, leur effet était si violent, qu'on les eût comparées plutôt à des torches ardentes allumés au feu du Ciel, qu'à des pommes d'or sur des vases d'argent; bien que souvent cependant, les paroles fussent impuissantes à rendre sa pensée ardente et les sentiments de son cœur embrasé des flammes de la charité. Mais poursuivons notre récit.

Nous voilà au règne de Trajan, car celui de Nerva passa comme un songe, il dura à peine six mois, et c'est pendant cette moitié de l'année que se fit le voyage de Denys, dont nous avons raconté les détails. Au retour de cette longue pérégrination, Denys n'eut plus qu'un but, celui de passer le reste de ses jours d'une manière tout-à-fait sainte et d'en faire ainsi une bonne action continue, pour couronner toutes les œuvres de sa longue vie. Or, il fit consister cette perfection des derniers jours, en deux points principaux : d'abord, à se préparer comme une victime pure, immaculée et digne d'être offerte à Dieu ; puis à se rendre utile à l'Eglise universelle non seulement pour le présent, mais aussi pour l'avenir, autant que cela lui serait possible. C'est en effet le but des nobles âmes, le souci des esprits élevés, de ne point limiter les fruits de leurs travaux au cercle étroit d'une vie bornée et fugitive, mais de chercher à les étendre, s'il était possible, jusqu'au dernier jour du dernier des siècles.

Dans cette vue, ayant auparavant, comme nous l'avons dit, écrit quelques livres très-utiles pour l'ordre à établir dans les divins mystères, il résolut de consacrer les heures de la vieillesse à les retoucher et à y mettre la dernière main. Il désirait surtout y insérer quelques passages du nouvel évangile de saint Jean, tant pour en relever que pour en embellir la doctrine : car il lisait avec délices cet évangile, comme il en vénérait l'auteur.

Un de ses premiers soins fut de visiter aussi les églises nouvellement fondées en Gaule ou dans la Germanie. Il allait partout, s'enquérant avec soin des conquêtes que la vraie foi avait faites dans chacune d'elles et de celles qui lui restaient à faire. Il avait soin de bien examiner si, parmi les nouveaux convertis, il ne se glissait point de faux frères ou de secrets partisans des erreurs nouvelles. D'un regard observateur il examinait si les offices aux jours de fête se célébraient avec toute la dignité et les cérémonies voulues ; s'entretenant souvent en particulier avec les pasteurs eux-mêmes, il leur traçait des lignes de conduite qui leur apprenaient l'art si difficile de s'attacher leurs ouailles, de gagner les autres à la foi et au bercail de Jésus-Christ. Mais avant tout il leur recommandait instamment la charité et la concorde, ces deux sœurs chrétiennes qui érigent la faiblesse en puissance et font régner l'union où tout était divisé.

Et la foule qui le suivait ne pouvait se lasser de le contempler. Soit qu'il célébrât les saints mystères, ou qu'il annonçât la parole de vie, elle était toujours aussi empressée, aussi avide. Tout dans le saint vieillard la touchait, la remuait, son aspect même aussi bien que ses paroles ; et admirateurs étonnés d'une sainteté si frappante, ils recueillaient toutes ses paroles comme des oracles qu'ils se proposaient de suivre dans la pratique de leur vie. Qu'il est grand le prestige d'une vie innocente ! Qu'elle est puissante sur l'esprit des mortels la sainteté qui brille au front du vieillard !

C'est ainsi que cet homme divin, parcourant les provinces confiées à sa garde par le souverain pasteur, les formait, les affermissait, les animait à la pratique de la vertu. En les armant lui-même de toutes les armes que la foi et la sainteté lui mettaient entre les mains, il apprenait à ces jeunes novices de la milice chrétienne, comment on se défend contre un ennemi et surtout comment on peut en triompher à force de fatigues, de constance et d'amour. Ce fut là à l'égard de ses frères sa première occupation bien grande et bien difficile assurément.

La seconde, qui ne fut pas moins pénible, consistait dans les réponses qu'il devait donner aux nombreuses questions et consultations qui lui arrivaient de toutes parts. Il nous reste quelques-unes de ses lettres où nous trouvons la preuve de cette seconde série de travaux. Plût à Dieu que nous les eussions toutes, ces belles et saintes lettres! ce serait pour un trésor et comme un précieux miroir ou nous irions contempler, parfaitement reflétées les règles de la prudence et de la vraie doctrine. Denys, au sein de ses occupations, et accablé par l'affluence des affaires extérieures, savait cependant toujours rester seul avec lui-même, seul avec Dieu, et tout entier à Dieu. En tout ce qu'il pouvait faire, il ne cherchait que Dieu, ne songeait qu'à la gloire de Dieu, ne soupirait que l'amour de Dieu. Oh! si ces sentiments se retrouvaient au cœur de tous ceux qui lui succèdent dans sa charge! que l'Eglise en serait heureuse! Alors elle ne craindrait ni la férocité du loup, ni l'astuce du renard; les brebis du divin bercail dormiraient en paix, et la vigne du Seigneur pousserait ses magnifiques rejetons: car auprès de tous les pasteurs des petits troupeaux, auprès de tous les gardiens de ces petites vignes, veillerait toujours le bon Pasteur, le gardien actif, qui découvrirait ceux qui se déguisent sous des peaux de brebis ou cherchent à s'introduire par des trous sous la terre. On ne saurait dire tout ce que les saints évêques reçoivent de lumière de la part de Jésus-Christ leur divin soleil. Par son secours, il est bien peu d'embûches qu'ils ne découvrent, soit qu'elles aient pour objet leur propre personne ou leur troupeau chéri.

A d'autres moments Denys eut ainsi de nombreuses révélations d'en haut sur lui-même et sur ses ouailles: mais en ce moment le divin maître lui fait surtout entrevoir l'approche du dernier combat que suivra la dernière et glorieuse victoire. Sachant donc que le temps s'abrége et que le terme approche, le père de tant de chrétientés fait un suprême effort d'amour, et le voilà qui parcourt encore une fois tous les points de la Gaule, examinant et inspectant chaque église avec ces grandes connaissances, ces vives lumières qui lui étaient naturellement données et peut être encore avec celles que la providence lui surajoutait au besoin. Dans sa course apostolique, Evreux l'antique cité de la Gaule celtique lui tend des mains suppliantes et réclame un évêque. Denys lui donna Taurinus, et certes un pareil choix était bien nécessaire pour défendre ce pays contre les démons et les magiciens.

A ce choix, le démon ne put s'empêcher de manifester son déplaisir et d'en faire voir par là la divine inspiration. Car après que le nouveau prélat eut été sacré par l'imposition des mains de Denys, et qu'il se fut mis en voyage pour se rendre à la ville qui lui était désignée, l'esprit de ténèbres commença dès lors même à lui tendre des embûches, et recourant à ses antiques ruses, il s'efforça par tous les moyens de mettre obstacle à l'arrivée du prélat, qu'il savait devoir lui être si fatale. Tantôt sous la forme d'un ours affreux à voir, ou sous la peau d'un lion rugissant, ou encore sous l'apparence d'un buffle en furie, il s'élançait sur l'homme de Dieu comme pour le dévorer et le mettre en pièces. Il espérait au moyen de ces épouvantails empêcher l'évêque d'entrer dans la ville, mais le saint qui n'était point dupe de ses ruses, fort de la parole de Dieu et de l'appui de Denys, déjoua tous les projets de cette astuce diabolique: « misérable, lui dit-il, quand tu as repoussé la ressemblance de ton créateur pour prendre celle des bêtes, qu'attends tu de mieux? quelle joie te réserves-tu encore? — Et l'esprit mauvais poussant je ne sais quel râlement diabolique, dit: et quelle joie quand tu viens ici avec ton Dieu, renverser mon empire? mais va je te promets que celui qui t'a envoyé ici mourra bientôt, et ainsi je n'aurai plus que toi à combattre. » —A peine eut-il fini qu'il disparut sans retour.

Ici comme en une foule d'autres circonstances, ce père du mensonge avait été forcé de dire la vérité sur Denys et sur Taurinus son disciple. Avant de s'éloigner, il déclara au saint une guerre à outrance, parce qu'il prévoyait tout ce que le nouveau prélat allait apporter de force et d'appui aux athlètes de Jésus-Christ. Il voyait déjà ses temples renversés, ses statues et images honnies et méprisées, son règne détruit peuà-peu dans toutes les provinces, et cette prévision réveillait toute sa rage infernale.

A l'exemple de Paul, Denys voulut que quelques uns de ses disciples fussent témoins de son martyre et en recueillissent les actes par écrit, pour l'honneur de Dieu et l'utilité des fidèles. Dans ce dessein il appela près de lui Sanctinus et Antoninus de Chartres, mais comme les récits qu'ils ont donnés sur les actions de leur maître ne sont point entre nos mains, nous sommes obligés d'aller recueillir partout dans les tables des diverses églises et de ramasser çà et là les renseignements qu'ils avaient laissés en corps et en bon ordre, ce qui nous a demandé beaucoup de travail. Mais nous nous ranimons à la tâche en songeant que le but en est beau et grand ; et il apparait surtout dans toute sa beauté quand l'on en vient à peindre les trois héros martyrs triomphant dans l'arène des tortures et des bourreaux.

CHAPITRE XVIII.

CAPTIVITÉ DE DENYS ET DE SES COMPAGNONS.— MARTYRE DE LISBIUS, HOMME DE QUALITÉ, QUI LES PROTÉGEAIT.

La superstition se mourait visiblement, et l'église, comme une jeune reine victorieuse, s'avançait joyeusement à de rapides conquêtes. Mais ces succès, cette marche envahissante, tourmentaient étrangement le démon, cet ennemi juré des Vertus et des hommes vertueux. Il poussa le cri de guerre à tous ses Ministres et ses Suppôts (à cette époque, il les recrutait surtout parmi les préfets et présidents des provinces), les lança contre tous les Chrétiens en général mais surtout contre leur chef fameux, Denys l'aréopagite. Par ordre de ces chefs vendus au prince du mal, le saint homme devait mourir. On le cherchait, et c'est dans Lutèce même, dans Lutèce où il avait si laborieusement semé, si copieusement récolté les moissons de la foi, qu'il fut pris comme un criminel, au moment même ou il prêchait l'évangile. Dieu le voulait ainsi : car l'infatigable athlète avait achevé sa course et fourni la carrière ; il avait gardé la foi, et l'heure était venue d'aller au sein de Dieu recevoir la couronne dûe à tant de travaux.

Souvent déjà les Druides (c'étaient les anciens prêtres et sacrificateurs des Gaulois) l'avaient cherché pour le faire mourir ; souvent, quand ils l'avaient découvert de loin, ils s'étaient réunis pour l'assaillir, mais l'heure n'étant pas encore venue, la main de Dieu avait écarté la leur. Parfois en effet, ils étaient tout près de lui, ils n'avaient plus qu'à saisir leur proie ; mais alors Dieu répandait tant de grâces sur son visage, une lumière si éclatante dans son regard, une vertu si magique dans sa parole, que bien loin d'être leur captif, il les captivait eux-mêmes. Ils étaient accourus sur lui pour le faire mourir, et ils s'arrêtaient soudain saisis d'admiration et d'étonnement et se convertissaient à sa parole ; ou bien effrayés à son aspect ou à l'aspect de son ange gardien, ils prenaient la fuite en toute hâte. Que les hérauts de l'évangile, les missionnaires qui vont comme ambassadeurs de Jésus-Christ, traiter avec des peuplades lointaines et barbares, lisent attentivement ces traits merveilleux : il y a là de quoi animer leur zèle, soutenir leur courage, leur rappeler que Dieu a toujours la main étendue sur eux et qu'ils doivent toujours compter sur lui.

Denys cependant fut pris par ses ennemis, mais c'était pour aller recevoir la couronne dûe à ses nobles travaux ; c'était pour triompher encore en une seule fois de tous ses ennemis réunis ; c'était enfin pour triompher de la mort elle même en mourant. Avec Denys furent pris Rustique et Eleuthère dont il avait fait le premier prêtre, et l'autre diacre. Compagnons inséparables des travaux du saint pendant sa vie, ils le furent aussi de son dernier combat; toujours unis pour la peine, il était juste qu'ils le fussent encore pour la récompense.

A ce moment suprême, Denys fit paraître une allégresse incroyable et une force d'âme qui ne se démentit jamais. Il marchait au tribunal de son juge et à la mort, comme l'on va à un festin, prêchant à haute voix et en toute liberté la religion de Jésus-Christ. Des monuments grecs et latins nous apportent les témoignages de sa sainte hardiesse. Conduit devant le Préfet et interrogé sur sa famille, sa patrie, sa profession, il donna pour toute réponse qu'il était le serviteur de Jésus-Christ, oubliant à dessein tous ses titres pour ne se souvenir que de celui-là. Le Préfet lui demande de nouveau s'il est bien celui qui a l'audace de détourner les peuples du culte des Dieux immortels, celui qui par un secret magique, une force enchanteresse, fascine l'esprit des hommes et va jusqu'à se poser en adversaire des invincibles empereurs. Denys toujours ferme et inébranlable lui répond qu'en effet, il a pour mission de détruire l'impiété, renverser les idoles et supplanter le démon en tout lieu, et dans tout son pouvoir. On lui demande enfin quelle est sa religion, son culte, sa profession, et alors Denys et ses deux compagnons remplis de l'esprit de Dieu, proclament à haute voix leur magnifique profession de foi : c'était le spectacle des trois jeunes gens se promenant au sein des flammes et chantant les louanges de Dieu.

Alors le juge irrité reprit : il est donc bien vrai, que vous méprisez les ordres, les commandements formels des empereurs et des princes ? Il est bien vrai que vous foulez aux pieds l'honneur et la majesté de nos dieux immortels ; Eh bien ! je vous ferai comprendre tout à l'heure la portée de vos orgueilleux dédains.

Il parlait encore quand Larcia, cette femme de Lisbius, de laquelle nous avons déjà parlé à propos des querelles et des disputes qu'elle avait avec son mari sur la religion, arrive toute effarée et semblable à une furie que le démon de la colère agite. Elle marche droit au Préfet, et là fait longuement ses dépositions contre Denys et son époux accusant l'un de magie et l'autre d'impiété. A l'entendre, son mari s'était laissé prendre aux magiques artifices du Pontife sorcier, ne faisait plus aucun cas des plus augustes divinités, mais honorait en leur place, par une sacrilège préférence, un certain crucifié dont le nom était continuellement sur ses lèvres, et pour qui il eût fait stupidement le sacrifice de sa fortune. Il allait même jusqu'à l'engager à abandonner les Dieux immortels dont il avait dépouillé le foyer domestique, et jour et nuit, il ne faisait plus que lui répéter cet odieux refrain. « Tu devrais te faire chrétienne, » ce qui veut dire à mon avis, disait-elle, impie magicienne. Dans un pareil état de choses, ajoutait-elle, toute sa ressource était de supplier les juges, au nom des Dieux immortels, qu'ils s'efforçassent par tout moyen de guérir son mari d'une si étrange maladie, et de décider, comme il leur paraîtrait convenable, sur le sort de ce pernicieux sorcier d'où venait tout le mal : car avec tous ses différents de religion elle ne pouvait plus reposer ni respirer à l'aise.

Les juges iniques, si impitoyables à l'égard des hommes vertueux cités à leur barre, affectèrent d'indignes sentiments de compassion aux plaintes mensongères d'une femme furibonde. Ils la prièrent de se tranquilliser désormais, l'assurant qu'ils sauraient bientôt guérir son mari et récompenser l'enchanteur selon son mérite. Ils se flattaient d'en finir facilement avec Lisbius, mais ils se préparèrent une éclatante déception, car l'illustre accusé en comparaissant devant eux, resta ferme dans la foi de Jésus-Christ, comme un rocher inébranlable que battent en vain les flots de la mer. Arguments, menaces, caresses, rien ne put le faire changer ; mais au contraire, fort de la vérité, fort surtout d'une inspiration particulière du ciel, l'accusé prenait le dessus sur ses juges, il les réfutait, leur lançait subtilement des pointes amères sur l'inanité et la vanité de leur religion, il les embarrassait et les piquait au vif : aussi, hors d'eux-mêmes, exaspérés d'une défaite humiliante, ils s'en vengèrent en le proclamant digne de mort.

Ils pensaient lui arracher la vie et ils ne faisaient ainsi que l'immortaliser dans la gloire. Car bientôt après, mis à mort pourla foi, il remporta glorieusement la palme du martyre et, heureux disciple, précéda dans l'éternelle demeure ses hôtes et ses maîtres dans la foi. Il les précéda pour aller recevoir la récompense de la généreuse hospitalité qu'il leur avait accordée à leur arrivée en Gaule : récompense éclatante s'il en fut jamais et que Dieu se plut à manifester par trois insignes faveurs. La première est celle du martyre, la seconde, la conversion de Larcie sa femme, pour laquelle il avait tant prié pendant sa vie, et enfin la troisième, la perpétuité de sa race dans l'auguste famille de Montmorency, Maison bénie autant qu'illustre, digne lignée de nos saints martyrs, qui a traversé les âges et les révolutions, toujours ferme dans la foi chrétienne et toujours aussi entourée d'honneur et de gloire. Car dans la paix comme dans la guerre, dans l'ordre militaire, religieux et civil, elle a eu continuellement ses ilustrations en vertu et en science, elle est encore à cette heure même en force et en honneur, et si Dieu exauce les vœux des chrétiens, elle subsistera toujours. De l'aveu de tous, Lisbius est la souche de cette famille : de là vient que le Baron de Montmorency a nom de *premier baron chrétien de France.* ; de là vient aussi que si quelqu'un des Montmorency est à la tête d'une armée, on répète en son honneur, cette acclamation, ce bon souhait : *Dieu aide au premier chrétien*, touchante acclamation, où le cœur du soldat chrétien manifeste son attachement à la foi de ses pères et fait reposer sur Dieu l'espérance de la victoire! où, par ce mot, de *premier chrétien*, on semble remercier Dieu des premières conquêtes de saint Denys et des dépouilles opimes de la gentilité que le saint Pontife lui offrit sur le sol parisien. Et c'est là une marque bien sensible de la piété reconnaissante. Cette acclamation en effet dans son énergique concision se peut développer de la manière suivante : « *Seigneur, Dieu des armées, qui avez reçu dans la personne de Lisbius converti par saint Denys, les prémices de la noblesse gauloise, qui lui avez fait remporter la glorieuse palme du martyre contre les ennemis de la foi, venez maintenant en aide à sa pieuse et noble descendance et défendez-la contre les ennemis de notre sainte religion.* » Voilà ce que renferme cette courte acclamation, voilà ce qu'elle demande et ce qu'elle obtient. Comme cette famille de Montmorency a toujours conservé et conserve encore sa foi pure et sans tâche, sans aucun mélange d'hérésie ou d'erreur quelconque, elle a avec vérité et de plein droit, inséré dans ses armoiries ce mot ἀπλανῶς, *sans erreur*, et elle l'a mis en grec afin de faire comprendre que celui qui le premier avait banni l'erreur de leur maison (c'est-à-dire Denys), était grec d'origine. Disons donc avec la bienheureuse Vierge : « Béni soit le Seigneur, dont la miséricorde s'étend de génération en génération sur ceux qui le craignent. » Revenons à notre récit.

Que pensèrent nos athlètes quand ils virent tomber

ainsi la tête de leur protecteur, de leur hôte? Bien loin d'en concevoir de la crainte, comme le voulaient peut-être leurs ennemis, bien loin de témoigner quelque douleur, ils ne purent au contraire contenir l'abondance de leur joie ni en comprimer l'élan; et que pouvaient-ils d'ailleurs souhaiter de mieux à leur bienfaiteur, à leur frère, que d'entrer dans la joie de son maître après avoir combattu si glorieusement les combats du salut? Les bourreaux n'étaient pas tellement grossiers et ignorants qu'ils ne pussent, à ces témoignages de joie qu'on lisait sur la figure des saints, reconnaître qu'ils désiraient subir promptement le même supplice. C'est pourquoi, afin d'inventer de nouveaux tourments, ils différèrent l'exécution et refoulèrent les condamnés dans un obscur cachot, en les chargeant de malédictions et de menaces; qu'y gagnèrent-ils? c'est ce que nous allons voir.

CHAPITRE XIX.

Denys et ses compagnons sont frappés et déchirés de coups dans leur prison. Ils consomment leur martyre.

Les jugements des criminels sont tout différents de celui des martyrs, car là, les juges sont tranquilles, et les criminels tremblent : ici, au contraire, ce sont les juges qui sont dans le trouble et les accusés dans la sécurité. Les uns en effet, sont tourmentés par le cri de leur conscience, puis par leur imagination qui fait passer sous leurs yeux, comme d'effrayants fantômes, les châtiments réservés à leur iniquité ; les autres, c'est-à-dire les martyrs, qui n'ont rien à se reprocher, à qui la mémoire ne rappelle que des bienfaits, sont comblés de joie, même au milieu des tourments, par l'attente d'une récompense certaine. C'est ce qui va paraître plus clair que le jour, dans le jugement de ces trois illustres candidats de l'immortalité. Voyez-les, pendant que les présidents, semblables à une mer orageuse, se laissént emporter contre les accusés à tous les flots de la colère et de l'indignation, eux sont là tranquilles comme s'il ne s'agissait que de choses étrangères qui ne les touchent pas. Jugement, menaces, tourments en perspective, rien ne les ébranle, le préfet les condamne aux verges, ils rendent grâces à Dieu ; le bourreau les traîne, les torture, ils ne font aucune résistance ; il s'acharne, il les accable d'injures et de coups, les perce de part en part, et les victimes innocentes ne poussent pas un soupir : c'était là, sans doute, un beau spectacle, digne des regards de Dieu lui-même.

D'un côté c'est un vieillard qui compte plus de cent dix années de vie. Son front vénérable, plein de candeur et de modestie, est couvert d'une chevelure blanche, ornement de la vieillesse ; tout dans sa personne respire la gravité et la bonté. En face de lui, ce sont des licteurs au regard farouche et barbare, ce sont des verges encore ensanglantées, ce sont des haches, des machines meurtrières, des instruments de torture, des chevalets, et que sais-je ! tout ce que la cruauté ingénieuse peut inventer. On demande alors au vieillard ce qu'il préfère choisir, ou de renier le Christ et obéir à l'empereur, ou de subir toutes les tortures qu'il a sous les yeux. Aussitôt et sans hésiter le saint homme s'écrie : « Ah ! je préfère souffrir tout cela et même plus encore pour le nom de Jésus-Christ. Pourvu que je possède mon Dieu, libre à vous de m'accabler de vos tourments. » Alors vous eussiez vu ces tigres altérés se précipiter sur le vieillard, le rouler indignement par terre, lui arracher ses vêtements, le battre de verges, et le déchirer de toutes parts, sans aucun égard pour sa faiblesse ou son grand âge. Et au milieu de ces horreurs, s'élevait suavement la voix du pontife qui s'immole en chantant, en louant Dieu et en exhortant au combat ses chers compagnons. Il disait: « ma bouche publiera les louanges du Sei-« gneur, et que toute âme vivante bénisse avec moi « son saint nom: car j'ai été trouvé digne de le con-« fesser en mon corps, confession qui fait votre gloire, « ô fidèles bien-aimés. C'est pourquoi, je vous en « conjure, ne vous laissez point abattre par le spec-« tacle de mes souffrances, mais plutôt que cette vue « ranime votre courage et vous fasse braver de sem-« blables tourments. » — Et ainsi, seul, sans défense, nu, épuisé, ce vieillard triomphait de toutes les tortures et des bourreaux jeunes et robustes armés d'instruments meurtriers. Les licteurs succédèrent aux licteurs, les épreuves aux épreuves, mais jamais ils ne purent ébranler sa foi.

Peut-être obtiendront-ils davantage de ses compagnons? Non: ce sont encore de ceux dont on ne triomphe pas. Ils sont frappés, déchirés, couverts de sang, mais toujours dignes enfants d'un digne père, au lieu de gémir, ils s'excitent à la foi, au lieu de se plaindre, ils bénissent le nom de Dieu, et les bourreaux, confondus dans leur barbare espérance, trouvent la honte où ils cherchaient la victoire.

Alors, désespérant du succès pour ce jour là, ils font

jeter de nouveau les suppliciés en prison afin que chargées de chaînes pesantes, affaiblies par l'humidité infecte du cachot, les victimes en sortent moins fortes pour une nouvelle lutte. Ils ignoraient, ces tigres inhumains, que plus on souffre pour Jésus-Christ, plus on est secouru de Jésus-Christ ; ils ignoraient que les souffrances du corps grandissent les forces de l'esprit, et que le martyr s'anime d'autant plus au dernier combat, que ceux qui l'ont précédé ont été plus violents. Ils purent l'expérimenter : car quand le pontife reparut le lendemain tout meurtri de blessures devant son juge superbe, et qu'il fut sommé de rendre compte de sa foi, il répondit encore avec plus d'assurance qu'auparavant, et quand on eut porté l'ordre aux bourreaux de les étendre sur des chevalets pour les y broyer sans pitié, les généreux confesseurs n'en parurent aucunement émus, et comme la veille, ils levèrent les mains au ciel pour lui rendre grâces. Ils souffrent avec joie : que feront alors les licteurs ?

On allume un grand brasier, et on place dessus un gril énorme ; bientôt cette couche enflammée est rouge comme le feu et c'est alors qu'on y jette le saint vieillard. Sa chair se cuit, et l'on entend frissonner ses membres rôtis par le feu, mais son esprit est toujours calme et serein. Ecoutez sa voix harmonieuse au milieu des flammes : « Seigneur, votre parole est « toute de feu et votre serviteur en fait ses délices. « Seigneur mon Dieu, qui avez dit : vous marcherez « au milieu des flammes et vous n'en serez point

« brûlé, vous par qui j'ai surmonté les flammes bien « autrement dangereuses de la concupiscence, faites-« moi triompher de celles où je suis maintenant « plongé. »

Dieu l'exauça et permit qu'il triomphât non seulement des feux du bûcher, mais aussi des bêtes féroces, de la fournaise ardente, et du crucifiement. Tantôt par un signe de croix, tantôt par la ferveur de ses priéres, il changeait les instruments de ses douleurs en instruments de son triomphe et de sa gloire. Ainsi quand les bêtes féroces s'élançaient la gueule béante pour le dévorer, il les arrêtait par un signe de croix, et oubliant leur férocité naturelle, elles tombaient à ses pieds pour le caresser. On l'avait jeté dans un fourneau ardent, et il en sortit tout resplendissant comme l'or qui trouve son éclat dans le creuset. Enfin il est sur la croix ; mais de là comme d'une chaire chrétienne, le Pontife prêchait et convertissait et attirait à lui toute la foule : au point que ses persécuteurs s'empressèrent de le détacher de la croix, aimant mieux l'étouffer dans l'horreur d'une prison infecte que de le laisser ainsi triompher publiquement de tous les supplices.

Mais dans cette prison même (c'était autrefois la prison dite Glaucinus, aujourd'hui c'est un oratoire dédié à saint Denys et appelé saint Denys de la Chartre), la gloire de Denys se fit encore jour, par la volonté de Dieu. Il y avait avec lui dans ce cachot, non seulement ses deux compagnons, mais un bon nombre de chrétiens que la même cause y avait fait enfermer.

Denys, toujours Pontife jusqu'au dernier soupir, les exhorta de toutes ses forces à combattre généreusement jusqu'à la fin, et pour les fortifier davantage, il résolut de les nourrir du pain de vie qui est le soutien du cœur fidèle.

Mais voilà que pendant le sacrifice et au moment même où avec des sentiments extraordinaires de piété, il se préparait à manger le pain d'immortalité, le cachot s'illumine soudain d'une lumière céleste, et au milieu de ces flots de lumière éblouissante apparaît à tous les regards, Jésus-Christ lui même entouré de milliers d'anges. Il se tient à l'autel et prenant l'hostie sur la table sainte, il la présente au Pontife en disant : « Recevez, mon bien-aimé, le gage du bonheur dont « je vous donnerai bientôt le complément en union « avec mon père, car mon père et moi formerons « ensemble votre récompense. Le salut soit à ceux « qui vous écouteront ! Maintenant persévérez avec « courage, votre mémoire sera en bénédiction et « votre charité obtiendra infailliblement tout ce qu'elle « demandera pour ses frères. » Impossible de se figurer l'effet de cette lumière au sein du cachot ; il se changea comme en un magnifique palais, en un lieu de délices, où tout le bonheur des cieux semblait être descendu. Tous aussitôt se sentirent ravis d'une joie extraordinaire et pleins d'un ardent désir de mourir pour Jésus-Christ. Ils sentaient la force dans leurs membres, dans leur âme, et ils comprirent alors que là où est Dieu, là se trouve aussi le courage, la force, l'ardeur, la vie, les délices, la gloire, la joie, le Ciel. Oh! qu'ils sont à plaindre ceux qui se privent volontairement de tous ces biens; et au contraire, combien sont plus heureux et plus sages, tous ceux qui foulent aux pieds les vanités humaines pour ne rechercher que les biens solides et réels, y attacher leurs cœurs uniquement et exclusivement, malgré le feu et l'eau, les chevalets et tous les tourments!

L'heure d'un nouveau jugement était venue, on fait sortir les saints confesseurs de prison et on les ramène devant le juge, on leur demande si les supplices n'ont pas changé leur résolution ou s'ils persistent dans leur folie. On les exhorte à sacrifier aux Dieux immortels et à préférer une vie douce et honorable à une mort infâme. Mais ils répondent avec plus d'opiniâtreté que jamais, qu'ils ont les dieux en abomination et qu'ils aiment mieux trouver la vie dans la mort que la mort dans la vie. La vie, disaient-ils, c'est Jésus-Christ lui-même; quant à vos dieux, insensé qui les honore, car ils sont plus méprisables que la mort elle-même: Jésus-Christ donne l'immortalité, et vos dieux ne procurent que des supplices éternels. A ces mots, Fescenninus outré de dépit porte contre eux la dernière sentence qui les condamne à avoir la tête tranchée. Aussitôt les bourreaux se jettent sur eux, les battent cruellement de verges, et les traînent par les rues jusque sur la colline de Mercure, où après les plus indignes traitements, les athlètes ont la tête tranchée à coup de hâche. (Pour plus de cruauté on avait ordonné de leur couper la tête avec des hâches dont le tranchant était émoussé.) Nous allons parler un peu plus en détail du temps, du lieu et de quelques circonstances du martyre dans le chapitre suivant.

CHAPITRE XX.

TEMPS ET LIEU DU MARTYRE, ET AUTRES CIRCONSTANCES ET FAITS ADMIRABLES.

On ne sait pas bien précisément à quelle époque, ou sous quel règne, Denys subit le martyre. Les auteurs modernes paraîtraient en assez grand nombre disposés à placer sa mort sous Adrien, et je les approuve fort. Autrefois on la plaçait plutôt sous Domitien, et quelques-uns aussi sous Trajan. Un tout petit nombre était de l'opinion la plus suivie aujourd'hui. A quoi atttribuer une pareille diversité d'opinion? Il me semble qu'elle peut s'expliquer par cette considération: les premiers chrétiens confiaient tout à la mémoire et rien au papier; toujours harcelés par les persécutions, ils préféraient soutenir généreusement les combats que de les écrire élégamment, et comme la mémoire retient facilement la substance des faits et laisse échapper l'accessoire des noms, il est arrivé aussi que les faits sont parvenus jusqu'à nous, tandis que les noms sont restés dans l'oubli. Et lorsque plus tard, on voulut rassembler les monuments de la tradition orale et écrire les actes des martyrs, les historiens durent, pour indiquer les époques, et les empereurs régnants, recourir à des conjectures plus ou moins vraisemblables. Dès lors, elles devaient varier selon la diversité des esprits. Quand il fut question en particulier d'écrire les actes de Denys, les uns considérant surtout, d'une part la cruauté des tourments, de l'autre la vieillesse du saint qui, de l'aveu de tous, vit le règne de Domitien, furent d'après ces observations portés à placer son martyre sous ce prince. D'autres, au contraire, portèrent leur attention d'un autre côté, et examinant avec soin les pérégrinations et les écrits du Pontife, crurent qu'il avait atteint au moins au règne de Trajan. D'autres ne s'en tinrent pas là ; mais recueillant çà et là tous les souvenirs qui s'étaient transmis sur Denys, et consultant les plus anciens monuments des écrivains d'autrefois parvinrent à établir d'une manière sûre que Denys était mort effectivement sous l'empereur Adrien. Ainsi l'ont écrit le compositeur du plus ancien martyrologe, le vénérable Bède, Ado, Evêque de Vienne, et après eux beaucoup d'autres que nous suivons nous-même sans hésiter. Car, Aristide, écrivain distingué de cette époque, a placé le martyre de Denys sous l'empereur Adrien. C'est pourquoi disons, afin de conclure, que environ l'an 121 sous l'empire d'Adrien, sous le préfet Fescenninus, Denys, triomphant des bourreaux et des tortures, remporta la palme du martyre. Dans sa longue carrière, il avait été successivement Aréopagite, Evêque d'Athènes, Apôtre des Gaules, Légat de tout l'Occident, il avait décrit la hiérarchie céleste et la hiérarchie ecclésiastique et interprêté divinement les noms des divines puissances, et après les Apôtres et les Evangélistes, il avait été le chef et le guide de tous les interprêtes et théologiens. Il avait vécu plus de 110 ans, et ce privilège de longévité ne lui avait pas été exclusivement accordé : car nous voyons, entre autres, Siméon, Evêque de Jérusalem et parent de Notre Seigneur, atteindre cent et vingt ans, et remporter à cet âge la couronne du martyre. Nous notons cette circonstance afin que par cet exemple d'une certitude irrévocable, on ne s'arrête point à l'apparente invraisemblance de celui de Denys.

Voilà pour la question du temps, passons à celle du lieu, car la célébrité dont il jouit mérite qu'on s'en occupe. Le lieu donc où ces trois généreux athlètes remportèrent la victoire du salut, est une petite colline qui domine la ville de Paris, autrefois appelée Montagne de Mercure parce que c'était là que les Indigènes honoraient surtout cette divinité; mais dans la suite, comme elle avait été arrosée et comme consacrée par le sang des martyrs, elle fut appelée Montagne des Martyrs, et selon la langue du pays, Montmartre: nom qui s'est perpétué jusqu'à nous comme un titre de gloire pour les saints confesseurs. C'est à ce même endroit, que par un prodige inouï, on vit le tronc du cadavre de Saint Denys, se redresser, ramasser sa tête de ses propres mains comme eût fait un homme en vie, l'élever en triomphe (notez que cette antique tradition est rapportée par plusieurs écrivains), et la porter ainsi à la distance d'environ deux milles gaulois, précédé d'un ange et au milieu d'un admirable concert céleste où l'on répétait toujours: *Gloire à vous Seigneur... Louez Dieu.* Il la porta ainsi miraculeusement jusqu'au lieu où il repose actuellement: c'est-à-dire dans le quartier de la ville qui porte son nom et où se trouve aussi une abbaye dite de Saint-Denys. Il déposa son auguste chef sur la propriété d'une dame de qualité nommée Catulle, comme s'il avait voulu lui faire don de ses dépouilles.

A la vue de ce prodige, les infidèles prirent la fuite, épouvantés par ce qu'ils appelaient une puissance magique et dont ils redoutaient extrêmement l'atteinte. Mais les chrétiens et ceux mêmes des infidèles qui étaient plus réfléchis (de ce nombre était Larcie, femme de Lisbius), admirèrent la puissance divine et la bénirent dans ses manifestations. Ce fut un principe de conversion pour une multitude d'infidèles, parmi lesquels il faut compter Larcie, qui professa ouvertement la religion chrétienne et par suite fut bientôt arrêtée et mise à mort. Elle reçut ainsi le baptême dans son propre sang, et mérita d'être mise au nombre des martyrs.

Catulle aussi disciple de Denys garda précieusement le dépôt que le saint lui avait confié, mais non contente de cela elle voulut encore avoir les corps des deux compagnons Rustique et Eleuthère que les impies satellites avaient projeté de précipiter dans la Seine. Prières, argent, ruses, elle était disposée à mettre pour cela tout en œuvre. Elle les fit venir en sa maison, les reçut avec beaucoup d'amitié et les traita copieusement. Pendant cet accueil et cette réception où l'unique souci des ignobles conviés était de boire, la dame donna ordre à ses gens d'enlever les corps des martyrs et de les mettre en lieu sûr. Le coup de main fut vivement exécuté, mais au sortir de table nos buveurs, incapables de toute autre observation, s'aperçurent néanmoins de l'absence des corps suppliciés, et entrant dans une furieuse colère, les redemandèrent impérieusement sous les plus effrayantes menaces. Pour les apaiser on dut recourir à l'argent, comme on avait eu recours au vin pour endormir leur vigilance. La matrone montra de l'or, et obtint ainsi les dépouilles si désirées, plus précieuses d'ailleurs que tout l'or du monde.

Les chrétiens, possesseurs de si saintes reliques, furent au comble de la joie, c'était pour eux comme un puissant soutien, comme un refuge où ils iraient demander appui et consolation dans le malheur et les épreuves. Dès que les barbares furent partis et, avec eux, le danger de la persécution, ils déposèrent le saint trésor dans un lieu convenable. Cette solemnité eut lieu selon les auteurs grecs le troisième jour d'octobre, et aussitôt les miracles s'y multiplièrent comme s'ils avaient jailli d'une source intarissable.

La terre de Catulle où les martyrs, comme nous l'avons dit, avaient été enterrés, fut appelée en l'honneur de cette pieuse dame, Terre catullienne, surtout quand l'oratoire bâti sur les tombeaux des martyrs, fut fréquenté par le peuple.

Il paraîtrait que ce fut saint Régulus, évêque d'Arles, qui consacra cette chapelle, et voici à quelle occasion. Il offrait le Saint-Sacrifice dans sa ville épiscopale ; arrivé à cet endroit du Canon où l'on fait mémoire des Saints et ayant nommé tous ceux qui doivent être désignés, il lui échappa d'ajouter ceux-ci : *de vos bienheureux martyrs Denys, Rustique, et Eleuthère.* — Tout surpris et préoccupé de cette addition extraordinaire et faite involontairement, il hésite quelqu'instant et levant les yeux, il aperçoit tout-à-coup, en face de lui, ô prodige ! trois colombes qui s'abattaient sur la croix de l'autel, ayant à leur cou ces trois noms écrits avec du sang : Denys, Rustique, Eleuthère. Le Pontife les considère avec étonnement ; mais bientôt, par l'inspiration sans doute de l'esprit divin (il ne le pouvait savoir autrement, car le fait venait de s'accomplir) il comprit que les trois athlètes avaient subi le martyre. Il fut pris alors d'un vif désir d'aller à Paris et de prendre lui-même connaissance de tous les détails de la lutte et de la mort des confesseurs.

Il arriva par une heureuse circonstance, qu'étant à peu de distance de Paris, il fit rencontre de Catulla elle-même, près de laquelle il s'informa si elle avait entendu parler de la mort de quelques hommes suppliciés depuis peu. La dame, à la tenue modeste, à la parole et à la mine de l'étranger, jugea qu'elle avait devant elle un disciple de Jésus-Christ, et ne fit point difficulté de lui demander s'il était chrétien; et sur une réponse affirmative, elle ajouta : *Vous êtes peut-être un ami de Denys et de ses compagnons Rustique et Eleuthère?* A ces noms chéris, le Pontife ne put retenir ses larmes, et dit : *Oui, je suis de leurs amis, et je m'en fais gloire.* Aussitôt la dame lui révèle qu'elle est chrétienne et alors commence entre eux un aimable échange de félicitations, d'entretiens affectueux. On parle de Denys et on y revient sans cesse, et ni l'un ni l'autre ils ne peuvent s'en lasser. L'évêque rapportait les travaux apostoliques de Denys avant son arrivée à Lutèce, et la Dame racontait les scènes cruelles de son martyre, et quand il fut mention du lieu et du jour du martyre, ils remarquèrent que la vision avait coïncidé avec le jour même de la mort.

Après avoir été parfaitement renseigné par la Dame, selon son pieux désir, Régulus se disposa à retourner en sa ville d'Arles, mais il dut céder aux instantes prières de Catulla, qui le conjura de séjourner encore quelque temps chez elle, afin de l'instruire davantage des choses de la foi : car, bien qu'elle y eût été pour ainsi dire initiée par Denys, elle n'avait pas encore cette science aisée et suffisante qu'une âme pieuse recherche avec tant d'attrait. Pour répondre à un si louable désir et rendre bienfait pour bienfait, le saint Evêque demeura encore quelque temps auprès d'elle. C'est pendant ce séjour qu'il consacra le petit oratoire dont nous avons parlé, modeste construction, il est vrai, et peu remarquable sous le rapport des proportions, mais infiniment vénérable à cause du précieux trésor qu'elle renfermait. Par la suite, on construisit encore une foule d'autres chapelles et églises pour conserver le souvenir de sa captivité, de ses tortures ou de sa mutilation : de là les églises de *Saint-Denys de la prison*, fit en langue vulgaire, *Saint-Denys de la Charte;* puis *Saint-Denys de la Passion*, vulgairement, *Saint-Denys du Pas*, et encore la Chapelle des Martyrs. Les deux premiers monuments sont dans la ville même, le troisième est hors des murs, en face de la ville, à Montmartre. Ce sont là les plus anciens, nous parlerons plus tard des autres plus modernes et plus somptueux, car nous devons auparavant faire mention de certains faits de cette époque et de quelques apparitions du saint Martyr après sa mort.

CHAPITRE XXI.

TRAVAUX ET SUCCÈS DES DISCIPLES DE DENYS. — APPARITIONS SALUTAIRES DE CE SAINT APRÈS SA MORT.

Les disciples sont pour le Maître ce que sont les enfants pour leurs parents, c'est-à-dire une couronne d'honneur et de gloire brillante et parfumée. Ainsi furent pour Denys (pour ne point parler ici de Rustique et d'Eleuthère, qui furent comme les premières roses de sa suave couronne) tous les chefs des églises : Saint Ion, par exemple, qu'on appelle encore Jonas ou Jonius, Sanctin, Antonin, Taurinus, Régulus, Eugène et plusieurs autres qu'il serait trop long de nommer. Chacun de ces saints personnages, après la mort du père commun, se montra son digne rejeton et s'efforça de prouver qu'il avait recueilli l'héritage paternel en apportant un zèle prodigieux à la culture de la petite vigne confiée à ses soins. Chacun d'eux y mettait sa gloire à la rendre fertile avec une sorte de sainte émulation, et Dieu bénissait leurs communs efforts.

L'humble et saint prêtre Ion, compagnon de Denys, d'abord à Athènes, puis à Rome, et de là en Gaule, fut pendant la vie comme après la mort de son maître, un modèle parfait de dévouement au devoir. Il prêcha surtout l'Évangile au territoire de Châtres sous Montlhery, et il y eut de grands succès auxquels contribuèrent surtout le parfum de ses vertus vraiment célestes et l'austérité étonnante de sa vie. Il ne buvait que de l'eau, ne mangeait que des herbes, et au temps de carême, il ne mangeait que deux fois la semaine. A la vue des luttes de son maître pour la foi, il s'était senti plein d'un désir ardent de l'imiter et de combattre, à son exemple, les combats de l'immortalité. Les rapides conquêtes qu'il faisait à Jésus-Christ lui méritèrent bientôt cette faveur, et le saint conquérant eut pour char de triomphe, les chevalets du martyre. Car ayant été saisi non loin de Paris, il fut mis à mort pour la foi du divin Maître. Dans son martyre, Dieu permit qu'il retraçat le triomphe de Denys son chef, car il reçut lui-même dans ses mains sa propre tête qu'on lui tranchait, et il la porta ainsi à la distance d'une lieue, jusques à l'endroit où il fut enterré. Le lieu devint célèbre et la montagne prit le nom de Saint-Ion. Les martyrologes placent sa nativité au dixième jour des calendes d'octobre, avec cet éloge : au village de Châtres, saint Ion, prêtre et martyr, qui, envoyé en Gaule avec saint Denys, fut battu de verges par ordre du préfet Julien, et eut la tête tranchée pour la foi.

A côté de saint Ion, mettons encore saint Sanctin, évêque de Meaux, puisque dans les mêmes registres de l'Eglise on les retrouve au même jour, ainsi qu'il suit: « A Meaux, saint Sanctin, Evêque, disciple de saint Denys l'aréopagite. Sacré par Denys évêque de cette ville, il y prêcha le premier l'Evangile de Jésus-Christ. » C'est Sanctin qui fut avec Antonin témoin du martyre de Denys, en écrivit la relation et l'envoya au Souverain-Pontife : retournant alors auprès de son troupeau il ne cessa de devenir célèbre par la sainteté de sa vie et le nombre de ses miracles. Après avoir gagné un nombre infini d'âmes à Jésus-Christ, il quitta cette terre pour un séjour meilleur. Il avait fait Antonin son successeur dans l'Episcopat, et certes jamais choix ne fut plus salutaire: car entrant entièrement dans les vues de son maître, Antonin poursuivit ses travaux avec un semblable zèle et un succès égal, et il alla, couronné de vertus et de mérites, le rejoindre dans la commune patrie.

Taurinus, Evêque d'Evreux, dont nous avons déjà parlé, sentant tout le vide que le départ de Denys son maître laissait dans l'Eglise universelle, qui avait perdu son père, et comprenant que le zèle des pasteurs survivants devait s'accroître et grandir en proportion de la tâche, étendit partout et avec des efforts incroyables sa sollicitude pastorale. Dieu le soutenait de son bras puissant: car jamais Pontife n'eut plus que lui la prérogative des miracles. Un jour, entre autres, il rendit l'usage de la parole à quatre muets, l'usage de la vue à huit aveugles et la vie à un mort. Un autre jour que les druides sacrifiaient à Diane, il leur fit voir un démon affreux caché sous l'image de la déesse et le chassa par ses prières, au grand étonnement et à la grande frayeur des sacrificateurs eux-mêmes. Ayant ainsi par ses discours, ses guérisons miraculeuses et ses prodiges en tout genre, gagné un peuple immense au vrai Dieu, il alla en recevoir dans le Ciel l'éternelle récompense.

Pour ce qui est de Régulus, dont nous avons eu occasion de dire quelques mots dans les pages précédentes, la plume de l'écrivain est impuissante à retracer dignement ses vertus. Ce qu'on en peut dire de plus expressif c'est qu'il fut en tout animé de l'esprit de son maître; ce fut toujours cet esprit qui le fortifia, le guida, le soutint jusqu'au bout de la carrière. Et bien que Denys, ce maître émérite, ce maître incomparable, désormais dans le repos de la gloire, ne fut point là présent en personne pour l'aider, Régulus ne voulut cependant rien faire sans son conseil, sans son secours, et il obtint tout du Ciel, comme nous allons le voir. Après la mort de Denys, il s'était rendu à Senlis afin d'y étendre le règne de la Foi. Sur la route et à son entrée dans la ville il avait fait de nombreux prodiges, il avait renversé les idoles, chassé les démons et converti grand nombre d'infidèles à la religion de Jésus-Christ. Il n'en fallut pas davantage pour animer contre lui les prêtres des faux-dieux. Ils allèrent trouver Quinctitien, préfet de la ville, accusèrent le saint prédicateur d'impiété et de sacrilége, et demandèrent sa mort.

Le préfet, déjà singulièrement courroucé contre Régulus parce qu'il avait osé ouvrir les portes des cachots aux chrétiens ses frères, allait les satisfaire pleinement et s'était déjà levé pour commander l'exécution. C'en était fait de la vie du Pontife si la femme de Quinctitien, que saint Denys avait gagnée à la foi et baptisée, n'avait prudemment modéré son impétueuse colère; et si, surtout, Denys par une protection visible n'avait voulu écarter de son cher apôtre le malheur qui l'attendait pour le changer en une source de joie et de gloire. Car pendant que le préfet médite en lui-même sur les moyens de faire mourir Régulus et sur le genre de mort qu'il lui destine, Dieu de son côté, avec cette habituelle sollicitude pour le salut de ses saints, dispose de tout en maître pour le sauver.

Il était nuit, et le préfet était plongé dans le sommeil, quand tout-à-coup il voit en songe Denys avec ses deux compagnons, qui se présente à lui en lui tenant ce discours: « Quinctitien, le Seigneur Jésus-
« Christ, dont nous nous déclarons les serviteurs,
« nous a envoyés vers toi, pour ton salut; afin que
« rejetant désormais le culte des démons, tu te con-
« vertisses à lui, et qu'aux actes de la tyrannie tu fas-
« ses succéder les exercices de la piété chrétienne.
« C'est pourquoi, appelle dès la pointe du jour notre
« frère Régulus, obtiens de lui le pardon de tes fautes,
« et accomplis sans résistance tout ce qu'il t'ordon-

« nera de faire. » A son réveil, Quinctitien s'empresse de raconter à sa femme le songe et la vision qu'il a eus, lui dépeignant l'âge, l'air et les traits des personnages qui lui ont apparu. « Cher ami, lui dit son « épouse, assurément, ceux que tu as vus ne sont « autres que Denys et ses compagnons, qui ont été « mis à mort près de Paris sous le préfet Fescenni- « nus, crois-moi, puisqu'il en est ainsi, ne néglige « point ton salut après cette divine inspiration; va « trouver le saint Pontife et fais tout ce qu'il t'ordon- « nera; autrement tu aurais lieu de redouter la toute- « puissance du Dieu des chrétiens. »

Elle n'en dit point davantage, et le mari docile à la voix de Dieu, aux conseils de son épouse, se rendit auprès du Pasteur et embrassa la religion avec toute sa famille. Quelle ne fut pas alors la joie du vénéré Pontife, quand il vit non seulement la famille du préfet, mais la ville entière accourir à ses enseignements! Qui pourrait dire alors quelle fut sa sainte allégresse devant Dieu et sa nouvelle ardeur à célébrer les louanges de celui qui change ainsi les cœurs !

Et voilà, ne l'oublions pas, comment les saints après leur départ de ce monde, prennent encore nos intérêts dans l'autre vie. Voilà comment ils veillent sur leurs Eglises, comment ils travaillent au salut des nations et à la gloire de celui qui les a faites. Il était donc, ce Régulus, un bien digne disciple de Denys pour avoir ainsi mérité une si éclatante protection! Qu'il est donc bien vrai que les saints sont toujours prêts à nous secourir, surtout ceux qui ici-bas ont été nos prêtres et nos pontifes! Ce secours toutefois, disons-le, les saints ne l'accordent qu'aux fidèles qui marchant sur leurs traces, se montrent leurs véritables enfans, et réclament au besoin leur appui par une prière fervente.

J'en viens de Régulus à Eugène. Mais auparavant qu'on me laisse encore dire un mot : comment Régulus est parvenu à un si haut degré de vertu et de sainteté qui le fit le chef des pontifes et l'oracle de ses frères. Régulus, encore adolescent, eut le bonheur d'entendre l'apôtre saint Jean prêcher la foi; captivé par l'éloquence du saint et la grâce de Dieu, il s'attacha à Lui et renonça volontiers à sa fortune pour embrasser la morale évangélique et la sainte pauvreté de Jésus-Christ. Etant ensuite passé à Athènes, il s'attacha à Denys qu'il suivit à Rome, puis en Gaule, comme nous l'avons dit précédemment, et s'il fut ainsi le fidèle compagnon des courses apostoliques du saint, il fut surtout, ce qui est bien autrement avantageux, le jaloux imitateur de ses travaux et de ses austérités.

Passons à Eugène, personnage vraiment noble, comme l'indique son nom, non pas de cette noblesse fragile que nous donnent avec l'existence les auteurs de nos jours, mais de cette noblesse sacrée, seule vraie et solide, que le chrétien reçoit de Dieu et qui lui mérite tous les respects. Denys ayant reconnu en lui un esprit élevé, capable de grandes choses, en même temps qu'un grand zèle à remplir les fonctions du sacerdoce, l'éleva à l'Episcopat et l'envoya en Espagne. Le jeune Evêque remplit son ministère avec tant d'habileté et de succès, que la conversion de cette belle province à la foi lui est attribuée à bon droit. Après avoir ainsi éclairé des lumières de la religion ces peuplades grossières et incultes, il sentit le besoin de retourner en Gaule pour y revoir son maître et avoir avec lui quelque entretien. Mais hélas ! au lieu du bonheur et des charmes d'une entrevue, il ne trouva que le deuil et les larmes d'un trépas récent. Il apprit la mort de son cher maître avant même d'arriver à Paris, et cette nouvelle lui fit verser des larmes à la fois de tristesse et de joie. Comme enfant dévoué, il devait pleurer son père, mais aussi comme chrétien, il avait à se réjouir de son triomphe.

Il ne voulut point cependant rebrousser chemin; mais soit désir de visiter les cendres du martyr, soit encore qu'il recherchât un sort semblable, il continua de se diriger sur Paris. A peine en était-il à quatre milles de distances, qu'il fut pris et mis à mort pour sa foi. Son cadavre fut jeté dans un lac où il resta, selon certains auteurs, près de deux cents ans. Il y fut conservé prodigieusement par un effet de la providence de Dieu, et il y fut découvert par la révélation qu'en fit saint Denys lui-même. Voici comme on raconte le fait:

Au temps de Constantin le Grand, un homme noble et riche, qui était malade de la vue, possédait une terre près de ce lac dont nous parlons, et une nuit qu'il reposait, saint Denys lui apparut sous les traits d'un vieillard et lui parla ainsi avec un air de bonté extraordinaire : « Hercolde, mon frère, vous voilà « guéri, levez-vous, allez dans le lac voisin, vous y « trouverez le corps d'Eugène, notre cher disciple, « et vous l'ensevelirez honorablement, car Dieu veut « par son entremise accorder à tout ce peuple de « grands bienfaits. » Hercolde s'éveille à ces mots, et se trouvant miraculeusement guéri, s'abandonne aux transports de joie que lui causent sa vision et sa guérison si désirée. Mais sans oublier la recommandation, il court au lac, trouve le corps du saint merveilleusement conservé et lui donne dans sa terre une sépulture honorable. Sur son tombeau il élève en reconnaissance un oratoire où les miracles se multiplient en tout genre.

La Gaule est donc dépositaire, depuis des siècles, de ces précieux restes qu'elle vénère avec amour. Parfois cependant, elle a consenti à en céder quelque portion, en considération de la piété ou de la dignité de ceux qui les demandaient. Ainsi nous voyons que, au Xe siècle environ, c'est-à-dire plus de huit cents ans après le martyre de saint Eugène, Gérard, abbé de Brone demanda et obtint des moines de Saint-Denys quelque relique de notre saint martyr. A la même époque les actes de son martyre furent approuvés par le concile de Liège et la lecture annuelle en fut prescrite, et Etienne, Evêque de Liège, qui avait présidé le concile, voulant donner un témoignage tout particulier de vénération au glorieux martyr, prit la parole en ces termes : « De notre autorité pontificale, nous portons le décret suivant auquel souscrit tout le concile: Tout le doyenné dans lequel les reliques du saint seront déposées devra célébrer sa fête avec la même solemnité qu'au jour de dimanche, et désormais l'église de Brone est déclarée exempte de toute redevance à l'Evêque de Liège ».Le même Evêque ordonna en outre que, lors du passage des saintes reliques sur le territoire de Liège et de Namur, on courût en foule leur faire cortége et qu'on les introduisît en grande pompe et liesse dans le lieu où elles devaient reposer. Ce dernier décret avait été provoqué par l'abbé Gérard.

Après avoir enlevé les reliques de Paris, le saint moine les avait déposées pour quelque temps à Cuvinium, ville frontière de Lorraine, mais du même diocèse, et avant d'aller plus loin, il était venu demander à Etienne, de Liège, s'il voulait permettre qu'on rendit les honneurs publics aux précieuses reliques de saint Eugène. A ce nom d'Eugène, le prélat, jouant sur les mots, répondit en toute hâte : « Oh ! assurément, il faut recevoir le grand Eugène avec de grands *Euge.* » Aussi la procession fut une véritable marche triomphale.

Deux cents ans plus tard, Louis VII étant à Tolède, on le pria de demander une relique de saint Eugène aux moines de Saint-Denys, et il en obtint, quoiqu'avec peine, le bras droit. L'abbé de Saint-Denys transporta cette relique à Tolède, où on la reçut avec des démonstrations extraordinaires de joie. Alphonse, roi de Castille, les princes et les grands de sa cour, avec tout le clergé de la province, formèrent l'auguste cortége qui devait aller à sa rencontre. Le roi et ses deux fils voulurent par piété porter la sainte Relique sur leurs épaules royales. La châsse qui contenait ce précieux trésor fut ainsi placée en grande pompe dans la vaste Basilique de Tolède l'an de grâce onze cent cinquante-six, la veille des Ides de février.

Mais la piété espagnole ne se tint point pour satisfaite, elle ne cessa de demander et de supplier jusqu'à ce qu'elle eût obtenu que la dépouille entière de son patron fût transférée de Gaule en Espagne dans l'église de Tolède, dont saint Eugène avait été le fondateur et le premier pasteur. Philippe II, roi des Espagnes, envoya donc dans ce but une ambassade en France au roi Charles IX, et obtint le corps entier du saint Patron l'an quinze cent soixante-cinq, c'est-à-dire quatre cent et neuf ans après la translation de la relique partielle dont nous avons parlé.

Tout ce que la puissance et le génie humain peuvent imaginer et réaliser de pompe et de solennité dans une manifestation publique fut produit dans la fête de réception des reliques. Le roi, dans un mouvement de piété à jamais mémorable, se fit un honneur de porter ce saint fardeau et d'aller ainsi replacer en quelque sorte sur son siége de Tolède, le saint prélat qui revenait comme d'outre-tombe visiter sa chère église et son premier troupeau. Ce trait de piété de la part d'un monarque aussi grand et aussi puissant que Philippe II, fit bruit dans tout l'univers, et montra ouvertement combien la foi de ses pères était encore vive au fond de son noble cœur de roi.

On fait mémoire de saint Eugène dans le martyrologe au dix-septième jour des calendes de décembre et dans les termes suivants : — Fête de saint Eugène, évêque de Tolède et martyr, disciple de Saint-Denys, l'aréopagite. Après avoir heureusement consommé sa course par les souffrances du martyre sur le territoire de Paris, il alla dans le ciel recevoir la palme des mains de Dieu : son corps fut dans la suite transféré à Tolède.

Si l'on désire plus de détails sur la description de sa dernière translation et surtout sur les arcs de triomphe qu'on érigea dans cette circonstance, on peut consulter Guillaume d'Exsengrein, centen. Ie, part. I, distinct. — Des évêques d'Espagne. *De Hispaniis Pontificibus.*

Voilà à peu près ce que nous devions dire sur les plus distingués d'entre les disciples de Denys, maintenant nous allons parler des qualités brillantes qui reluisent partout dans ses écrits vraiment divins.

CHAPITRE XXII.

LES ÉCRITS DE DENYS TÉMOIGNENT DE SES VERTUS ET SURTOUT DE SA PIÉTÉ.

Quand nous considérons Denys comme citoyen, les suffrages de l'auguste sénat d'Athènes nous garantissent ses vertus civiles ; quand, d'un autre côté, nous le considérons comme chrétien ; les vertus de l'illustre néophyte nous sont attestées par les solennels témoignages des Paul et des Clément. Si, en effet, ces vertus de tout genre n'avaient été incontestables dans notre saint, ni les portes de l'aréopage ne se seraient ouvertes devant lui, ni les princes de l'église dont nous parlons, ne l'auraient appelé à l'honneur d'un apostolat de toute sainteté. Or, parmi ces vertus incontestées, il en est qui se manifestent par ses travaux apostoliques, son genre de vie; et il en est d'autres qui reluisent d'un éclat tout particulier dans ses immortels écrits. Il n'est point dans mon intention de faire ici ressortir les premières : ainsi je ne parlerai point de ce renoncement volontaire à un épiscopat déjà florissant, dans le seul but d'étendre le royaume de Jésus-Christ chez d'autres peuples qu'il allait évangéliser en son voyage de Rome; je tairai également son passage d'Italie dans la Gaule encore barbare, les supplices qu'il y endura avec un courage héroïque, et ceux qu'il entraîna par son exemple dans le support de semblables tortures pour la plus grande gloire de Dieu : la suite et l'histoire de sa vie font assez ressortir ces vertus. Nous parlerons seulement ici de celles qui reluisent tout particulièrement dans ses écrits. Semblables aux fleurs odoriférantes de la prairie qui récréent les sens du voyageur, ainsi ces vertus répandent dans l'âme des lecteurs pieux un je ne sais quel parfum secret qui les enchante. J'en distingue surtout trois principales, et il serait à souhaiter qu'elles se trouvassent toujours au fond du cœur et sous la plume de ceux qui entreprennent la difficile tâche de composer des livres. Ce sont la piété, la modestie et la douceur ou modération : la première pour demander à Dieu et aux saints les lumières et le secours dont un auteur a toujours besoin; la seconde pour apprécier justement plutôt que déprécier ou rabaisser, comme il n'arrive que trop souvent, les ouvrages des anciens et de nos devanciers; et la troisième, enfin, qui est pour l'écrivain une heureuse conseillère, le faisant écrire ou agir avec prudence et reprendre avec bonté les actes d'autrui. Voilà les vertus qui, comme des pierres précieuses, brillent de tous côtés dans les ouvrages de Denys, plus peut-être que dans les écrits d'aucun autre écrivain. Voyons-y d'abord la piété; la piété qui, selon le langage de l'apôtre, est utile en toute chose.

Dans tous les livres qui nous restent de lui, nous trouvons en effet aux premières pages ces sentiments d'une religion profonde et affectueuse comme les prémices ou la dédicace de ce qui suit, c'est la piété debout sur le seuil du temple sacré.

Ce n'est pas seulement dans ses lettres que l'on trouve cette onction de la piété, c'est encore dans son livre de la *Hiérarchie céleste*, dans la *Hiérarchie ecclésiastique*, dans le traité des *noms divins*, et aussi à toutes les pages de la *Théologie mystique*. Le premier de ces ouvrages commence par les paroles de l'apôtre saint Jacques et une invocation à Jésus, le Père des lumières. « Tout don parfait vient d'en haut « et descend du Père des lumières. Il faut même « remarquer que toute lumière que Dieu daigne « laisser échapper de son sein sur nous, a une vertu « particulière pour nous rattacher à Dieu, je dirais « même une force copulative en vertu de laquelle le « Père nous attire sur son sein éternel et nous fond « pour ainsi dire dans l'unité et la simplicité de sa « nature divine. De là cette profonde parole de nos « saints livres : « Tout est de lui et en lui. » C'est « pourquoi, continue-t-il, après avoir invoqué Jésus, « lumière du Père, lumière éternelle, lumière véri- « table qui éclaire tout homme venant en ce monde,

« par qui nous avons accès auprès de Dieu le Père, « auteur et source de toute lumière, compulsons se- « lon nos forces, les interprétations des pères sur les « Écritures et tâchons de distinguer, à la lueur quel- « quefois indécise de ce flambeau, l'ordre et la hié- « rarchie des célestes intelligences. »

Au chapitre IIe du même livre, avant de dire ce qu'est la Hiérarchie, il prélude en ces termes : « que le Christ, si ce vœu m'est permis, me serve dans ce que je vais dire, d'inspirateur, de chef et de guide, lui qui est l'auteur si parfait de toute composition, de toute organisation hiérarchique!... »

Dans le second de ses ouvrages qui a pour titre — *De la Hiérarchie ecclésiastique*, voici comme sa piété le fait débuter au premier chapitre : « Maintenant je « vais exposer notre hiérarchie et en sonder le prin- « cipe et la nature, après avoir toutefois invoqué le « Seigneur Jésus qui est le terme et la perfection de « tout ordre hiérarchique comme il en est nécessai- « rement le point de départ. » Plus loin, au IIIe chapitre du même ouvrage, traitant de l'auguste Sacrement de nos autels, voici en quels termes il supplie le divin Sauveur de lui être propice et de se révéler à lui. « O Sacrement à jamais auguste et vénérable, « laisse, je t'en conjure, ces voiles symboliques qui te « recouvrent, apparais moi dans toute ta majesté et « inonde mon esprit de cette splendeur divine que « les voiles me dérobent. » Au 3e livre qui traite des noms divins, on lit au début : « Que Dieu accorde à

« ma faiblesse de trouver et d'imaginer des noms et « des appellations particulières, diverses, par lesquels je puisse exprimer, désigner sa majesté ineffable et ses attributs inénarrables; *qu'il daigne « ne jamais éloigner de mes lèvres la parole de « vérité.* » Au chapitre IIIe du même livre nous retrouvons les marques touchantes de sa piété, déjà suffisamment connue, mais il s'attache à prouver, par trois comparaisons choisies, l'efficacité de la prière faite avec piété. Nous voulons donner au lecteur ce beau passage en son entier :

« Commençons, si vous le jugez convenable, par « étudier le nom de bonté, qui exprime plus parfaitement la totalité des œuvres divines. Et d'abord invoquons la Trinité, bonté suprême, cause de tout « bien, qui nous dévoilera elle-même les secrets de « sa douce providence. Car il faut, avant tout, que la « prière nous conduise vers le bienfaisant Créateur, « et que, approchant de lui sans cesse, nous soyons « initiés de la sorte à la connaissance des trésors de « grâces dont il est environné. A la vérité, il est présent « à toutes choses; mais toutes choses ne se tiennent « pas présentes à lui. Quand nous l'appelons à notre « aide par une prière chaste, l'esprit dégagé d'illusions et le cœur préparé à l'union divine, alors « nous lui devenons présents ; car on ne saurait dire « qu'il soit jamais absent, puisqu'il n'habite pas un « lieu et qu'il ne passe point d'une place à l'autre. « Et même affirmer qu'il est dans tous les êtres,

« c'est exprimer bien mal son infinité qui comprend « et surpasse toutes choses. L'homme s'élève donc « par la prière à la contemplation sublime des splen- « deurs de la divine bonté : tels, si une chaîne « lumineuse attachée à la voûte des cieux descendait « jusque sur la terre, et si, la saisissant, nous por- « tions sans cesse et l'une après l'autre les mains en « avant, nous croirions la tirer à nous, tandis qu'en « réalité elle reste immobile à ses deux extrémités, « et que c'est nous qui avançons vers le splendide « éclat de son radieux sommet. Tels encore, si, mon- « tés sur un navire, nous tenions pour nous aider un « câble fixé à quelque rocher, nous ne ferions pas « mouvoir le rocher, mais bien plutôt nous irions à « lui, et le navire avec nous. Tel enfin, si, du bord « d'un bateau, quelqu'un venait à pousser les mon- « tagnes du rivage, il n'ébranlerait certes pas ces « masses immenses, immobiles, mais lui-même s'éloi- « gnerait d'elles ; et plus son effort serait violent, et « plus il se rejetterait loin. C'est pourquoi dans tous « nos actes, et surtout quand il s'agit de traiter des « choses divines, il faut débuter par la prière, non « pas afin d'attirer cette force qui n'est nulle part « et qui est partout, mais afin de nous remettre entre « ses mains et de nous unir à elle par un souvenir et « des invocations pieuses. »

C'est ainsi que ce docteur, si instruit dans les voies divines nous apprend à nous élever jusqu'à Dieu, à nous rattacher pour ainsi dire au Ciel par les chaînons de la piété et des exercices spirituels. Enfin aux premières pages de sa Théologie mystique, voici la piété qui se présente de nouveau avec tout ce qu'elle a d'aimable et de divin. « Trinité suprà-essentielle, très-divine, souverainement bonne, guide des chrétiens dans la sagesse « sacrée, conduisez-nous à cette sublime hauteur des « Écritures, qui échappe à toute démonstration et « surpasse toute lumière. Là, sans voiles, en eux-« mêmes et dans leur immutabilité, les mystères de « la théologie apparaissent parmi l'obscurité très-« lumineuse d'un silence plein d'enseignements pro-« fonds : obscurité merveilleuse qui rayonne en « splendides éclairs, et qui, ne pouvant être ni vue « ni saisie, inonde de la beauté de ses feux les esprits « saintement aveuglés. »

Citons ici le beau commentaire que fit de cette pièce Marsile Ficin, le prince des philosophes de son temps : « Denys l'aréopagite, dit-il, Le coryphée « de la philosophie platonicienne et plus tard le plus « ferme défenseur de la théologie chrétienne, s'étant « mis à la recherche de la divine lumière, ne s'avisa « point de la demander aux efforts de l'intelligence, « mais bien plutôt à la prière et aux ardents désirs « de son cœur. Il avait sans doute appris de Paul, « ce soleil du monde, ce que disait du reste notre « Platon : que l'Être auteur de l'Univers, est infini-« ment élevé au-dessus de tout esprit créé, et que « par conséquent, ce n'est point par le travail de

« l'intelligence qu'on peut l'atteindre, mais uniquement par les désirs ardents de la volonté ; c'est « dans ces flammes du cœur que Dieu fait briller « sa lumière. »

CHAPITRE XXIII.

DE LA MODESTIE DE DENYS.

A côté de la piété dans les écrits de Denys, apparaît la gracieuse et timide modestie, sa sœur aimable, sa fidèle compagne.

Dans l'appréciation de son jugement et de son génie, matière si délicate et où nous péchons presque tous par orgueil, Denys fut d'une modestie aussi admirable qu'elle est rare. On en trouve des preuves en cent endroits divers de ses écrits, mais surtout dans trois passages que nous citerons, le premier tiré de la *Hiérarchie* céleste, le second de la *Hiérarchie* ecclésiastique, et le troisième du livre sur les *Noms divins*. Pour le premier, après s'être posé cette question : Pourquoi le prophète Isaïe est-il dit purifié par un Séraphin ? et après avoir exposé son sentiment, il avoue ingénuement qu'il le tient d'un autre et qu'il est prêt à l'abandonner si on lui en présente un meilleur. Il s'en exprime ainsi, écrivant à Timothée : « Voilà ce que m'apprit mon maître ; et moi je vous

« le transmets, ô Timothée. Maintenant je laisse à « votre science et à votre discernement, ou bien de « résoudre la difficulté par l'une ou l'autre des rai- « sons proposées, et de préférer la seconde comme « raisonnable et bien imaginée, peut-être comme « plus exacte ; ou de découvrir par vos propres « investigations quelque chose de plus conforme à la « vérité ; ou enfin, avec la grâce de Dieu, qui donne « la lumière, et des anges qui nous la transmettent, « d'apprendre de quelque autre une meilleure solu- « tion. En ce cas, faites-moi part de votre bonne « fortune ; car mon amour pour les saints anges se « réjouirait de posséder sur cette question des don- « nées plus claires. » et voici la belle conclusion « qu'il donne à ce beau livre :

« Telles sont les explications que j'avais à « donner touchant les symboles que décrit la « théologie. Tout incomplet qu'il soit, je me « flatte que ce travail aidera notre esprit à s'élever « au-dessus de la grossièreté des images maté- « rielles. Que si vous m'objectez, ô Timothée, « que je n'ai pas fait mention de toutes les vertus, « facultés et images que l'Écriture attribue aux « anges, je répondrai, ce qui est véritable, qu'en « certains cas il m'aurait fallu une science qui n'est « pas de ce monde, que j'aurais eu besoin d'un ini- « tiateur et d'un guide ; et que certaines explications « que j'omets sont implicitement renfermées en ce « que j'ai dit. Ainsi ai-je voulu à la fois et garder une

« juste mesure dans ce discours, et honorer par mon « silence les saintes profondeurs que je ne peux « sonder. » En son second livre qui traite de la hiérarchie ecclésiastique, on lit à la fin ces paroles admirables d'ingénuité, de candeur et de modestie :

« Tels sont, mon fils, les beaux et divins spectacles « que m'a présentés notre hiérarchie : peut-être des « esprits plus clairvoyants auront fait, non pas seule- « ment ces considérations, mais d'autres plus bril- « lantes et plus célestes. Et j'estime que des beautés « plus radieuses et plus augustes resplendiront à « vos regards si vous suivez la route que j'ai indi- « quée pour arriver à un foyer de lumière supé- « rieure. Alors, mon bien-aimé, communiquez-moi « ces clartés parfaites et révélez à mes yeux ces « connaissances plus excellentes, plus intuitives que « vous pourrez découvrir : car j'ai confiance que ce « que j'ai dit fera jaillir les étincelles du feu divin « que vous portez en votre cœur. »

Citons encore le beau passage qui termine le livre des *Noms divins*: c'est la couronne d'or qui domine et rend parfait ce monument élevé par le génie à la foi chrétienne. « Nous avons recueilli en ce discours et « expliqué de notre mieux les noms divins purement « intelligibles. Non-seulement nous sommes resté au- » dessous de la dignité d'un pareil sujet, car les anges « même pourraient en dire autant avec vérité; non « seulement nous ne l'avons pas traité à la façon des « anges, car les derniers d'entre eux l'emportent sur

« nos plus excellents théologiens : non-seulement les « théologiens, et leurs studieux auditeurs, et leurs « disciples nous surpasseraient ; mais il s'en faut « même beaucoup que nous ayons atteint à la hau- « teur de nos collègues. C'est pourquoi s'il y a de « l'exactitude en notre langage, si dans la mesure de « nos forces, nous avons fourni quelque heureuse « interprétation des noms divins, il faut en faire « hommage à l'auteur de tous biens, qui donne d'a- « bord la grâce de dire, et ensuite celle de bien dire. « Si quelque point analogue à ceux que nous avons « discutés, se trouve omis, on doit supposer que « nous l'éclaircirions par la même méthode que les « précédents. Si au contraire nos expressions sont « inexactes et si nos développements imparfaits ; si « nous nous sommes éloigné de la vérité en tout ou « en partie, soyez assez bon pour redresser celui qui « n'est pas dans l'ignorance volontaire, instruire « celui qui a besoin d'apprendre, prêter secours à « celui qui est débile, rendre à la santé celui qui ne « prend pas plaisir à être malade. Soyez assez bon « pour laisser venir jusqu'à moi ce que vous a donné « la richesse infinie, soit que vous l'ayez trouvé en « vous, soit que d'autres vous l'aient transmis. Qu'il « ne vous soit pas fastidieux de faire du bien à « votre ami : car, vous le voyez, je n'ai retenu « captif en moi aucun des enseignements de la sainte « tradition ; mais je les ai communiqués dans toute « leur pureté, et j'en ferai part encore soit à vous,

« soit à d'autres pieux personnages, autant que nous « serons capables, moi d'en parler, et mes auditeurs « de les entendre ; et ainsi sera respectée la tradi- « tion, à moins qu'il ne m'arrive de comprendre, « ou d'exprimer mal notre doctrine. Mais, si Dieu le « veut avoir pour agréable, que ces choses soient et « restent dites. Nous terminons ici notre traité des « noms intelligibles de Dieu, et, sous sa conduite, « nous allons aborder la théologie symbolique. »

Voilà comme Denys terminait ses livres, et nous trouvons là une preuve bien frappante de sa modestie. Mais en parlant ainsi de sa modestie, je ne saurais passer sous silence les respects et les égards qu'il avait pour ses supérieurs : car à mon avis c'est là la marque et le caractère de l'esprit bien né. Aussi voyons-nous notre saint se distinguer en ce point plus peut-être qu'aucun autre avant lui. Voyez, dans ses écrits, quelle vénération, quels égards pour ses maîtres, comme il en parle avec respect ! c'est à peine s'il ose se nommer à côté d'eux, tant il croit à leur mérite et à son infériorité. S'il veut, par exemple, apporter en confirmation de ce qu'il avance, un texte d'Hiérothée son maître, il ne se permet cette citation qu'en y préludant par un éloge et une profession avouée de respect : ainsi après avoir dit que la formation du corps de Notre-Seigneur dans le sein de la bienheureuse Vierge est au-dessus de toute parole et de toute conception humaine et angélique, il rapporte en ces termes le témoignage de son maître.

« Mais nous avons ailleurs suffisamment traité « ce point, et notre illustre maître, dans ses « *Éléments de théologie*, en a dit d'admirables « choses, soit qu'il les eût reçues des pieux « théologiens ; soit qu'il les eût découvertes dans « les Ecritures par une savante investigation, « et aprés de laborieuses études; soit enfin qu'il « en fût instruit par quelque inspiration spéciale, « ayant non-seulement appris, mais encore expéri- « menté les choses divines, et façonné par cet ensei- « gnement du cœur, si je puis parler ainsi, à cette « union mystique et à cette foi qu'on ne puisera jamais « dans les leçons d'un homme. Pour exposer dans un « court fragment quelques-unes des suaves contem- « plations de cette puissante intelligence, citons ce « qu'il a écrit, dans l'ouvrage indiqué plus haut, tou- « chant Jésus-Christ : La divinité du Seigneur Jésus « est la cause et le complément de tout ; elle maintient « les choses dans un harmonieux ensemble, sans être « ni tout, ni partie ; et pourtant elle est tout et partie, « parce qu'elle comprend en elle et qu'elle possède « par excellence et de toute éternité le tout et les par- « ties. » Ce passage est tiré du *Livre des Noms divins,* chapitre deuxième ; et un peu plus loin, au troisième chapitre, écoutez-le parler des Pontifes prodigieusement réunis au lit de la Vierge mourante, en quels termes il parle de son maître : comme il l'élève, et comme il s'abaisse ! Il parlait ainsi à Timothée, l'évêque d'Ephèse :

« Toute parole vient mal aprés la sienne; car « il brillait même entre nos pontifes inspirés, « comme vous avez vu quand vous et moi et « beaucoup d'entre les frères nous vînmes con- « templer le corps sacré qui avait produit la vie et « porté Dieu. Là se trouvaient Jacques, frère du Sei- « gneur, et Pierre, coryphée et chef suprême des « théologiens. Alors il sembla bon que tous les pon- « tifes, chacun à sa manière, célébrassent la toute- « puissante bonté de Dieu, qui s'était revêtu de notre « infirmité. Or, après les apôtres, Hiérothée surpassa « les autres pieux docteurs, tout ravi et transporté « hors de lui-même, profondément ému des mer- « veilles qu'il publiait, et estimé par tous ceux qui « l'entendaient et le voyaient, qu'ils le connussent ou « non, comme un homme inspiré du ciel et comme le « digne panégyriste de la divinité. Mais à quoi bon « vous redire ce qui fut prononcé en cette glorieuse « assemblée ? Car, si ma mémoire ne m'abuse pas, il « me semble avoir souvent entendu de votre bouche « des fragments de ces divines louanges : tant vous dé- « ployez toujours une pieuse ardeur en ce qui con- « cerne les choses saintes. Mais laissons ces mystiques « entretiens, qu'on ne doit pas divulguer aux profa- « nes, et que d'ailleurs vous connaissez parfaitement. « Rappelons seulement ceci : lorsqu'il fallait conférer « avec le peuple et amener les masses à la sainteté « de nos croyances, comme Hiérothée l'emportait « sur la plupart de nos maîtres par sa tenacité

« en ce pieux travail, par la rectitude de son es-
« prit, par la puissance de ses démonstrations et la
« vertu de ses discours : tellement que nous étions
« vaincu par l'éclat de ce radieux soleil ! Car nous
« avons la conscience de nous-même, et certainement
« nous sommes incapable de bien comprendre ce
« qu'on peut savoir de Dieu, incapable d'expliquer
« parfaitement ce qu'on en peut dire. C'est pourquoi
« tant inférieur à ces hommes parfaits qui possèdent
« pleinement la vérité théologique, une sorte de reli-
« gieuse frayeur nous eût empêché de rien entendre
« et de rien dire touchant la divine philosophie, si
« nous n'étions convaincu qu'on ne doit pas négliger
« la science sacrée, à quelque degré qu'on la reçoive.
« Et ce qui détermine en nous cette persuasion, c'est,
« d'un côté, le désir inné des esprits qui aspirent avec
« un insatiable amour à la contemplation des choses
« surnaturelles ; c'est, d'autre part, la sage disposition
« des lois divines par où il est à la fois défendu de
« sonder curieusement les secrets qui nous dépassent,
« et que nous sommes indignes et incapables de con-
« naître, et ordonné d'apprendre avec zèle et de
« transmettre avec bonté tout ce qu'il nous est utile et
« permis de savoir. Pour ces motifs, ni le travail, ni la
« lâcheté ne nous détourneront de rechercher les
« choses divines en la mesure de nos forces ; nous ne
« voudrions pas abandonner sans secours ceux qui
« ne peuvent encore s'élever à une plus grande hau-
« teur que nous. Ainsi avons-nous été entraîné à

« écrire; et nous ne venons pas proposer téméraire-
« ment des solutions nouvelles, mais seulement divi-
« ser et développer par des commentaires moins con-
« cis ce que le divin Hiérothée a dit d'une manière
« plus angélique. »

Nous avons vu jusqu'ici combien Denys parlait de lui-même avec modestie, et des autres avec éloge. Voici encore ce qu'il dit d'Hiérothée au chapitre quatrième du même livre : « C'est ce qui
« fut divinement expliqué par notre illustre maître,
« dans ses hymnes d'amour ; il n'est pas sans à-propos
« de s'en souvenir, et d'en citer ici quelque chose,
« comme couronnement de ce que nous avons dit
« sur l'amour. » Il cite ensuite tout un chapitre que je renvoie à la vie d'Hiérothée. C'est ainsi que ce grand saint honorait ses maîtres dans la foi, nous donnant en cela un grand exemple et une grande leçon. Devant traiter dans ses écrits la même matière que son maître Hiérothée, il nous déclare qu'il n'eût point osé l'entreprendre de lui-même et qu'il a cédé à la prière et aux instances de son maître ; et que d'ailleurs, il n'a point, en son travail, la prétention de suivre son savant maître dans les considérations élevées que celui-ci offre aux esprits supérieurs ; mais seulement de recueillir quelques réflexions d'un ordre bien inférieur pour les offrir aux esprits vulgaires et moins instruits. Cet exemple est bien propre à faire comprendre à la jeunesse tout le respect qu'elle doit à ses maîtres. C'est pourquoi afin de l'engager à marcher sur les traces de

notre saint et surtout pour donner une nouvelle et insigne preuve de sa candeur et de la modestie de sa belle âme, nous soumettrons encore ici ce beau passage qui est comme le miroir ou reluit sa vertu :

« Mais il convient de repousser un reproche qu'on « pourrait me faire. Puisque mon illustre maître Hié- « rothée a fait son admirable recueil des *Eléments de* « *théologie*, devais-je, comme si ce traité fût incomplet, « écrire le présent et d'autres encore ? Certainement, « s'il eût voulu continuer l'exposition par ordre de « toutes les matières théologiques, et développer en « des traités particuliers la somme entière de la théo- « logie, nous ne fussions jamais tombé en cet excès « de folie et de témérité, d'imaginer que nous parle- « rions des mêmes choses avec plus de profondeur « que lui et d'une façon plus divine ; nous n'eussions « pas entrepris un travail superflu pour répéter ses « propres discours ; surtout nous n'eussions jamais « commis cette lâcheté envers notre maître et ami, au- « quel, après saint Paul, nous devons notre initiation « à la science divine, de lui dérober la gloire de ses « pensées et de ses sublimes enseignements. Mais « comme il exposait sa doctrine d'une façon vraiment « relevée et émettait des sentences générales et qui, « sous un seul mot, cachaient beaucoup de choses, « nous tous qui sommes les maîtres des âmes encore « novices dans la perfection, nous reçûmes l'ordre « d'éclaircir et de développer, dans un langage mieux « proportionné à nos forces, les idées si profondes et

« si concises de cette puissante intelligence. Vous-« même m'avez adressé souvent une semblable exhor-« tation et renvoyé son livre comme dépassant la por-« tée ordinaire. Et effectivement je le regarde comme « le guide des esprits avancés dans la perfection, « comme une sorte de seconde Ecriture qui vient à la « suite des oracles inspirés des apôtres, et crois qu'il « le faut réserver aux hommes supérieurs. Pour moi, « je transmettrai, selon mon pouvoir, les secrets di-« vins à qui me ressemble. Car, si la nourriture so-« lide n'est que pour les parfaits, quelle doit être la « perfection de celui qui la communique aux autres ! « J'ai donc eu raison de dire que cette vue intuitive « et cet enseignement relevé du sens spirituel des « saintes Lettres requièrent toute la force d'une mûre « intelligence ; mais que la connaissance et le déve-« loppement des considérations élémentaires convien-« nent à des maîtres et à des élèves moins capables. « Je me suis encore scrupuleusement abstenu de tou-« cher aucunement à ce que notre glorieux maître a « expliqué avec une évidence sensible, pour ne pas « répéter en cette rencontre les éclaircissements qu'il « a fournis le premier. »

Nous avons considéré jusqu'ici les paroles, le langage d'or par lequel ce pontife aussi modeste que savant, honorait ses maîtres dans la foi, et en cela il doit encore nous servir à tous de modèle. Maintenant cherchons en lui d'autres enseignements et considérons sa douceur, cette aimable sœur de la modestie chrétienne.

CHAPITRE XXIV.

DOUCEUR DE DENYS. — ÉLOGE DE LA DOUCEUR.

La modestie de Denys était toujours accompagnée de la mansuétude, et ces deux aimables sœurs que le christianisme lui avait fait connaître semblent dans tous ses écrits avoir dirigé sa plume. Trois de ses lettres surtout paraissent lui avoir été dictées par ces vertus inspiratrices. L'une est adressée à l'évêque Polycarpe, l'autre au moine Démophile, la troisième au prêtre Sosipatre. Dans la première, il repousse avec bonté et douceur le trait acéré qu'Apollophane lui avait lancé ; dans la seconde, il s'étend sur l'éloge de la douceur ; dans la troisième, enfin, il trace les régles que nous devons suivre en discutant avec d'honnêtes adversaires. Il nous donne tout à la fois le précepte et l'exemple, car sa lettre est un modéle de sagesse et de douceur. Vu sa briéveté, je vais la rapporter ici : « Ne regardez pas comme une victoire, mon cher « Sosipatre, les invectives contre un culte, ou une « opinion qui ne semble pas légitime. Tout n'est pas

« fini pour Sosipatre, quand il a judicieusement réfuté « ses adversaires; car il se peut faire que, parmi une « foule de faussetés et de vaines apparences, la vérité « qui est une et cachée vous échappe, à vous et aux « autres. Pour n'être pas noire, une chose n'est pas « précisément blanche ; et de ce qu'on n'est pas un « cheval, il ne s'ensuit pas qu'on soit un homme. Voici « comment il faut faire, si vous m'en croyez : cessez « de combattre l'erreur, et établissez si bien la vérité « que les raisons dont vous l'appuierez soient complé- « tement irréfutables. » Voilà un échantillon de sa douceur et de la pratique qu'il faisait de cette vertu. Tout son but à lui, dans la discussion, était avant tout d'établir solidement son opinion. Quant à celle des autres, il ne se souciait guère de la réfuter, à moins qu'elle ne fût tout à fait contraire et préjudiciable à la Foi. A son avis, la vérité apparaissant en tout son jour, a bientôt dissipé d'elle-même l'erreur qu'on lui oppose. Non pas cependant (comme le remarque fort justement l'interprète saint Maxime), non pas que Denys rejetât de parti pris toute bonne réfutation des opinions d'autrui, puisqu'il réfute lui-même Elyme le Mage, dans le *Livre des Noms divins ;* mais ce qu'il blâme seulement, c'est que dans l'exposition d'une vérité, on s'épuise à réfuter longuement la fausse opinion plutôt que d'établir la véritable qui est l'objet principal de la discussion qu'on a en vue. Je ne citerai pas de nouveau en cet endroit la lettre que j'ai rapportée plus haut et dans laquelle saint Denys écrivant à saint

Polycarpe, sur un trait méchant que lui avait lancé Démophane, nous fait voir à tous comment on triomphe de la calomnie par la douceur; je me contenterai également de rappeler la lettre qu'il écrivit à Démophile et dans laquelle il montre, par ses longs et magnifiques éloges de la douceur, combien cette vertu lui est chère et précieuse. L'exemple du bon saint Carpus qu'il y rapporte, cette vision nocturne où apparaît toute la miséricorde de Jésus-Christ pour les pécheurs: voilà des tableaux que les pasteurs des âmes ne devraient jamais perdre de vue. C'est la raison qui me les a fait rapporter plus haut tout au long. J'y renvoie le lecteur que ces points touchent d'une manière spéciale, et je passe sans plus tarder aux bienfaits de Denys à l'égard des rois de France, pour qui il fut constamment une Providence particulière.

CHAPITRE XXV.

BIENFAITS DE SAINT DENYS A L'ÉGARD DES ROIS DE FRANCE.

A coté des vertus de saint Denys, il est à propos ce me semble de placer ses miracles, qui en sont comme les divins corollaires. Je mettrai avant tous les autres ceux de ces prodiges qui furent tout à la fois utiles à l'âme et au corps, par la raison que ce sont des rois de France qui en furent l'objet. L'ordre chronologique, comme aussi l'ordre d'excellence de ces derniers prodiges, nous amène tout d'abord à Dagobert, fils de Clotaire. C'est en effet à l'intervention du saint martyr que Dagobert tout jeune encore dut d'échapper au légitime courroux de son père et à la vengeance de Dieu, à laquelle il ne pouvait se soustraire par la fuite. Disons en peu de mots comment les choses se passèrent.

Le roi Clotaire avait à sa cour un intime ami, un confident de tous ses projets, nommé Sadragésille; il l'avait fait gouverneur d'Aquitaine et lui avait confié l'éducation de son fils. Mais le jeune Dagobert blessé de la trop grande sévérité et du peu d'égards que ce gouverneur semblait avoir pour lui, nourrissait contre son maître une haine secrète et des projets de vengeance, il n'attendait que l'occasion pour les réaliser : elle ne se fit pas attendre.

Il apprend que son père était allé au loin dissiper dans les délassements de la chasse les soucis inséparables de la royauté. Aussitôt il invite Sadragésille à table et le repas fini, il le fait prendre, déshabiller, fouetter et raser. Il ne l'eût pas plutôt fait qu'il en fut marri : dans la jeunesse le crime et le repentir se touchent ; il redoutait surtout la colère et la présence de son père, et sa crainte était fondée. A la nouvelle d'un si indigne traitement pour son ami, le père entre en fureur ; il jure d'en punir sévèrement son fils. Le jeune Dagobert s'est enfui précipitamment, il ne se croit nulle part en sûreté, il court d'un lieu dans un autre et change tous les jours de retraite sans pouvoir calmer ses craintes. Il arrive enfin au quartier Catulle, entre dans la chapelle de Saint-Denys et cherche sur son tombeau l'asile qu'il ne trouvait nulle part. Ce n'était pas chez lui acte d'irréflexion ou de spontanéité : il s'était souvenu qu'un cerf poursuivi par une meute acharnée avait un jour trouvé dans ce petit oratoire un asile et la vie. L'y voilà donc réfugié, mais triste et abattu, le cœur gros de soucis et les yeux pleins de larmes. Dans cet état le sommeil le gagne, il s'endort et voilà qu'en songe se présente à lui un vénérable vieillard qui l'invite à bannir ses craintes et à reprendre courage, l'assurant qu'il sortirait de ce danger et d'un autre bien autrement considérable qui lui était réservé. Il lui prédit en outre qu'il régnerait un jour sur la noble nation des Francs s'il faisait vœu d'orner les monuments des corps saints gisants en ce lieu. Dagobert le promit et aussitôt il sentit le ciel, fidèle à cette promesse, venir à son secours. Voici que ceux qui étaient à sa poursuite viennent pour s'emparer de sa personne dans ce saint asile ; ils n'en sont plus qu'à un millier de pas, mais soudain une force invisible et divine les arrête, et effrayés d'un tel prodige, ils courent raconter au roi ce qui leur est arrivé. Le roi les croit lâches ou perfides et en envoie d'autres en leur place, même prodige, même récit. Outré de dépit, il part lui-même comme pour arracher ce fils coupable aux mains des martyrs ; il s'en flattait en vain : au même lieu, la même force secrète enchaîne ses pas. Alors Clotaire s'humilie devant la puissance divine et la vertu merveilleuse des saints martyrs, il se rend, il pardonne à son fils, et dès lors libre d'avancer, il entre dans l'oratoire, se prosterne et vénère les dépouilles des martyrs.

Le jeune Dagobert son fils n'oublia jamais cette insigne protection et conserva toujours pour cet oratoire un profond respect mêlé comme d'une sainte horreur. Il honora d'un culte particulier les saints qui y reposaient et principalement Saint Denys. Peut-être même que dans ce culte, louable d'ailleurs sous tous rapports, il méconnut ou oublia trop cet adage de la sagesse : *Ne quid nimis ; n'outrez rien ;* car sous prétexte d'orner la basilique qu'il avait fait élever en l'honneur de saint Denys, il ne s'était point fait scrupule de piller presque tous les temples de la Gaule et en particulier celui de saint Hilaire de Poitiers, d'où il avait enlevé des vases d'airain fondu habilement travaillés. Dépouiller ainsi les autres saints à l'effet d'en décorer un autre n'était pas peut-être pour lui un acte de piété répréhensible ou mal entendu ; il ne croyait pas sans doute que Dieu ou ses saints pussent en être offensés. Cependant l'événement dut lui donner quelques soupçons sur la légitimité de sa spéculation nouvelle, car des deux vases qu'il avait pris à Poitiers, l'un pendant la traversée tomba dans la Seine et fut perdu pour toujours. Mais passons au roi Dagobert ces pieuses peccadilles : ses aumônes, ses bonnes œuvres, sa religion profonde pour les saints martyrs auront facilement couvert toutes ces fautes légères. Une révélation authentique nous autorise à tirer cette dernière conclusion. Voici le fait rapporté par Aimoin et les autres chroniqueurs Gaulois.

Ansoald, homme distingué parmi ses contemporains et attaché à l'église de Poitiers, avait fait en Sicile un voyage de long cours puis était revenu se fixer en France. Dans la traversée qu'il faut faire par mer de Sicile en France, il jeta l'ancre dans une petite île qui se trouve sur cette ligne maritime. Là, le hasard lui fit rencontrer un solitaire nommé Jean, pénitent d'une vertu et d'une sainteté rare. Ansoald s'entretenant avec lui des choses du ciel en vint à lui demander s'il connaissait le roi Dagobert. Le vieux solitaire répondit qu'il le connaissait et ajouta qu'il avait eu à son sujet une vision dont il lui ferait le récit, s'il voulait l'écouter, et il commença ainsi : « Un jour, fatigué de veilles et d'austérités et aussi sans doute appesanti par les ans, je me laissai surprendre par le sommeil et voilà qu'en songe j'aperçois venir vers moi un vieillard vénérable : sa démarche était imposante ; son front était couronné d'une chevelure blanche comme la neige : Jean, me dit-il, lève-toi en toute hâte et prie pour l'âme du roi Dagobert qui vient de mourir. »

Je me lève sans aucun retard et soudain je vois à quelque distance de moi des fantômes épouvantables. C'étaient des démons acharnés sur le roi Dagobert, ils le frappaient, le transperçaient de dards aigus et le conduisaient ainsi à travers les mers dans leurs antres de feu. Au milieu de ces tourments inouïs j'entendis la faible et lamentable voix de Dagobert appelant des saints à son secours; et regardant à la voûte du Ciel j'y vis aussitôt apparaître et descendre des hommes tout resplendissants de lumière et exhalant des parfums d'une suavité inexprimable. O bienheureux, m'écriai-je dans mon ravissement, qui êtes-vous donc afin que je vous honore ! Nous sommes, répondirent-ils, les saints que Dagobert appelle à son secours : tu vois les martyrs Denys et Maurice, et Martin confesseur de la foi de Jésus-Christ ; et aussitôt ravissant aux démons confondus leur malheureuse proie, ils enlevèrent l'âme de Dagobert au Ciel. Je suivais des yeux cette glorieuse apothéose et j'entendais les saints répéter ce cantique : « Heureuse, Seigneur, l'âme que vous avez choisie et délivrée ; elle habitera dans vos demeures éternelles ! »

Voilà ce que le solitaire raconta à Ansoald qui lui-même le répéta à ceux qui nous l'ont transmis. Je trouve en cela deux grands enseignements pour tous les hommes en général, mais surtout pour les rois qui ne doivent jamais les perdre de vue. C'est que, étant plus exposés que les autres hommes à commettre des fautes, en raison de la multitude et de la difficulté des affaires qui leur incombent, ils doivent prendre garde de racheter ces fautes par leurs bonnes œuvres et leurs abondantes aumônes. La seconde leçon qu'ils y trouveront, c'est d'honorer pendant leur vie d'un culte spécial et d'une vénération particulière quelques saints de leur choix et dévotion, afin de les avoir à la mort pour protecteurs. Dagobert, à mille ans d'ici et plus, donnait ce double enseignement aux têtes couronnées, car il commença par faire construire un temple somptueux en l'honneur de saint Denys, mais si magnifique, que toute la Gaule n'en avait pas un semblable. L'histoire rapporte qu'il ne s'ent tint pas là et puisse son récit passer à la postérité la plus reculée pour y servir à jamais d'exemple !

Après avoir subjugué par la force de ses armes les nations voisines, et assis la prospérité du royaume sur les bases solides d'une paix durable, il avait eu comme tant d'autres la faiblesse de se laisser prendre aux amorces du luxe et aux délices de l'oisiveté, mais il eut aussi la gloire insigne d'en triompher et de rassembler par un généreux effort toutes les forces de son âme pour conquérir désormais un royaume bien digne d'une royale ambition. Il manifesta ces saintes intentions dans une assemblée des grands de son royaume et déclara, à leurs grands applaudissements, que dorénavant il allait travailler à effacer son passé et à s'assurer l'avenir de l'autre vie, et que dans ce double but il avait arrêté de faire son testament et d'y doter les principales basiliques de la Gaule. Quelque magnifiques que fussent ces promesses, ses libéralités les surpassèrent encore, comme on peut facilement s'en convaincre en confrontant le discours et le testament que l'on trouve dans les chroniqueurs gaulois de cette époque.

Dagobert n'est pas le seul roi de France auquel Denys ait accordé ses faveurs temporelles ou spirituelles. Nos annales gauloises contiennent à cet effet une lettre curieuse de l'empereur Louis-le-Pieux, dans laquelle ce monarque énumère à l'abbé Hilduin tous ceux de ses ancêtres qui ont eu lieu de se féliciter de leur culte particulier à l'égard de Saint Denys. « Les « rois nos ancêtres, dit cet empereur, pour l'amour et « l'honneur de Notre-Seigneur J.-C., honorèrent tout

« particulièrement le martyr saint Denys et chargèrent « ses autels de riches offrandes. Bien leur en prit, « car ils en reçurent en retour d'inappréciables « faveurs temporelles et spirituelles. Ainsi arriva-t-il pour Dagobert qui à cause de sa dévotion particulière à saint Denys fut visiblement protégé du Ciel en ce monde et, à sa mort, admis à un bonheur éternel, selon que l'atteste une révélation et une apparition célèbre. » L'empereur Louis après avoir ainsi parlé de ce qui arriva à Dagobert cite encore les bienfaits de saint Denys à l'égard de Charles son bisaïeul, de Pépin, de son père Charlemagne et aussi à l'égard de lui-même : « Notre bisaïeul Charles, dit-il, Prince accompli, ne dut qu'à l'intercession de saint Denys qu'il avait si bien sollicitée, de s'asseoir avec tant de gloire sur le trône de France. » Enfin, il en dit autant et de son aïeul et de son père, ils n'obtinrent et ne conservèrent la couronne que par l'intercession de saint Denys. On peut ajouter après lui que ce ne fut pas le privilége exclusif de ces rois, mais qu'il leur fut commun avec tous leurs successeurs qui se trouvèrent dans les mêmes conditions de mérite. La puissance de saint Denys ne changeait pas et la même dévotion envers ce saint a dû être en tous les temps suivie de semblables bienfaits. Ainsi voyons-nous que le saint et savant Roi Robert se confessait redevable à saint Denys de ses prospérités, et en reconnaissance il donnait aux religieux de ce nom, des terres et des propriétés considérables.

« Nous avons pensé, dit-il, qu'il était bon, pour bien donner la facilité de vaquer à l'œuvre de Dieu et recommander au Seigneur notre salut et celui de tout le royaume, de faire part de certains secours de notre munificence aux Frères du Monastère de notre Patron spécial le Bienheureux Denys. Protégé à l'ombre de ses aîles, déjà nous avons surmonté beaucoup de périls, et c'est grâce à son assistance que nous sommes arrivé au faîte de ce Royaume. » Ensuite ce roi très-libéral et très-pieux nomme les dix villas qu'il donne tout entières au Monastère et il y ajoute un assez grand nombre d'autres donations. Puis il continue ainsi : « Nous désirons, par ces dons volontaires de notre royale largesse mériter le patronage des saints Martyrs Denys, Rustique et Eleuthère, à qui nous avons dès longtemps remis tout le soin de notre espérance. Avec eux nous montrerons à nos ennemis des bras invincibles, avec eux, Dieu le voulant ainsi et se rendant à leurs voix, nous ramènerons toujours du combat nos étendards vainqueurs et nos ennemis nous seront soumis. » C'est ainsi que s'exprime ce pieux roi. Et de fait il fut toujours vainqueur et il réussit dans toutes ses entreprises. Aussi construisit-il en divers lieux bien des édifices sacrés : à Senlis, une église à saint Régulus compagnon de saint Denys ; à Orléans, une église à saint Aignan ; à Etampes, une troisième à la Sainte Vierge ; à Autun, deux autres encore ; une autre encore en l'honneur de la Sainte Vierge à Poissy. Enfin la 34e année de son règne, et environ l'an de notre salut 1033, il mourut saintement, et s'il trouva un tombeau dans l'église de saint Denys, il acquit un nouveau royaume dans le Ciel.[1]

Et que dire de Henri Ier son fils? oublia-t-il les sentiments de vénération que Robert avait pour saint Denys; renia-t-il ce bel héritage de la piété, lui qui oubliant pour ainsi dire sa puissance et sa majesté, n'aurait pas hésité d'aller nu-pieds l'espace de deux milles environ, en pélerinage au tombeau de saint Denys dont le corps avait été exposé publiquement et à découvert par son ordre afin de couper court aux contestations dont il avait été l'objet.

Enfin pour ne pas être trop long, je ne parlerai plus ici que de Philippe-Auguste, de Louis VIII et de son fils saint Louis. La citation de ce qui arriva à ces trois monarques nous tiendra lieu de tout ce qu'il y aurait encore à dire des autres. L'an de J.-C. onze cent quatre-vingt-onze, le roi Philippe et son fils, bien que séparés par l'immensité des mers, se trouvaient atteints de la même maladie et absolument dans le même temps. Le roi combattait alors en terre sainte contre les Sarrasins et le jeune Louis présidait aux destinées de la France.

On invoqua saint Denys et ses compagnons, on fit une procession publique à leurs tombeaux, et soudain les deux princes furent guéris de la dyssenterie, maladie terrible qui avait fait déjà tant de victimes en dépit de l'art et de tout secours humain. Exemple aussi étonnant qu'admirable des largesses de la miséricorde divine : on demandait la santé du fils seulement, puisqu'on ignorait la maladie du roi, et Dieu guérit au même instant et le fils et son auguste père. Impossible de dire les avantages précieux que l'église retira de cette double guérison. Les deux monarques se montrèrent toujours ses zélés défenseurs ; ils combattirent à outrance les hérétiques, surtout les Albigeois, et laissèrent dans l'esprit des peuples un grand renom de sainteté. Plusieurs disent même que saint Denys assista tout particulièrement Philippe à sa mort et le conduisit visiblement au Ciel. Guillaume le Breton n'oublia pas ce trait dans son poème sur Philippe.

......Son âme règne au Ciel
Denys l'introduisit au royaume éternel;
Et pour que l'avenir en gardât la mémoire,
Denys, au sein des nuits, vint révéler sa gloire !...

Est-il besoin maintenant de parler de ce que fit Louis IX pour notre Saint? ne devine-t-on pas assez que la piété si fervente de ce grand roi n'aura pu le céder en rien à celle de ses pères pour saint Denys. L'an 1244, il fut atteint d'une maladie si grave que les médecins désespérèrent de le sauver. Le moment était critique, c'était à l'époque où l'Église alarmée de la tyrannie de l'empereur Frédéric réclamait sa puissante intervention par l'organe de son chef suprême Innocent IV. Après Dieu et sa sainte mère, Louis et Blanche crurent devoir mettre leur principale espérance en saint Denys, patron du royaume. En conséquence, ils ordonnèrent qu'on exposât et que l'on vénérât publiquement ses saintes reliques, qu'on les portât avec honneur processionnellement dans la chapelle et le monastère et qu'on adressât à ce grand saint et à ses compagnons martyrs toutes sortes de prières et d'invocations. A peine ces prières étaient-elles commencées, qu'aussitôt la santé revint au roi et la paix dans l'Eglise et le royaume.

CHAPITRE XXVI.

DÉVOTION SINGULIÈRE DES ROIS DE FRANCE A SAINT DENYS — HONNEURS QU'ILS LUI RENDIRENT.

Parmi nos rois le plus ancien dévôt à saint Denys est Clotaire II qui pour honorer ce saint et les martyrs ses compagnons, consacra non seulement ses offrandes en or et en argent, mais encore ses biens et ses propriétés. Dagobert son fils surpassa encore son père par ses libéralités pour la décoration de l'église de saint-Denys et son zèle sur ce point ne fut égalé par aucun des pieux rois qui le suivirent.

En vain me diriez-vous que les rois Louis VIII, Louis IX eurent une piété plus sage, plus digne de la religion, je ne veux point le contester : mais il n'en reste pas moins constant qu'à considérer les actes extérieurs et matériels dont nous avons les preuves, c'est à Dagobert seul qu'on doit attribuer la gloire d'avoir fondé et le temple et le monastère ; c'est lui qui recouvrit d'or cette partie du temple ou reposaient les corps des saints martyrs ; c'est lui qui donna au monastère et ses immenses richesses et ses inappréciables priviléges.

La consécration de cette église de saint Denys fut accompagnée de prodiges véritablement inouïs appuyés néanmoins d'autorités et de témoignages irrécusables. Dagobert avait convoqué les évêques à cette solennité de la dédicace qui devait se faire le six des calendes de mars. La veille au soir un lépreux se présente aux portes de l'église et obtient de ceux qui en avaient les clefs d'y passer la nuit. Il était à répandre sa prière devant Dieu dans le secret et le silence des ténèbres, quand tout-à-coup la lumière l'environne, et il aperçoit Notre-Seigneur J.-C. revêtu d'ornements étincelants, accompagné de Pierre, Paul, Denys, Rustique et Eleuthère, travérsant le temple et faisant lui-même la consécration en forme. L'auguste cérémonie est terminé et voici que Notre-Seigneur vient à lui et lui dit ces paroles : « O toi qui pries dans ce tem« ple, dis aux pontifes qui s'y rassembleront demain » pour en faire la dédicace, que je viens moi-même « de le consacrer, voici qu'en témoignage ta lèpre est « guérie, » Aussitôt la lèpre quitta le malheureux et s'attacha à une pierre voisine, où, tous les jours, dit Robert Gaguin, d'innombrables visiteurs viennent la constater et s'en retournent frappés d'étonnement. Les évêques bénissant la miséricordieuse puissance de Dieu n'eurent garde de renouveler la consécration. — Bornons là nos détails sur ce qui regarde Dagobert. Les autres rois. de France imitèrent les libéralités et la piété de Dagobert pour saint Denys. Ils avaient une telle confiance en la puissance de sa protection que pour l'obtenir plus spécialement ils voulurent être enterrés dans le temple qui lui est consacré. C'était pour eux comme un gage de salut.

De là vient que le temple de Saint-Denys devint comme le mausolée commun de nos rois. Mais au milieu de ces éloges dûs à la piété des rois de France, signalons l'humilité du roi Pépin, se proclamant indigne d'être enterré dans l'intérieur de l'église, et réclamant comme un grand honneur d'être inhumé à l'entrée et sous le parvis du temple. La dévotion de Charlemagne à ce saint patron n'était pas moins admirable. Après avoir satisfait sa générosité par de pieuses libéralités à l'instar des rois ses devanciers, il ne s'en tint pas là, mais se rendant dans l'église du saint martyr, il déposa sur l'autel son diadême royal et consacra ainsi à haute voix son royaume et la couronne de France à l'illustre patron : « Grand saint Denys, s'écria-t-il, je me prosterne à vos pieds et me dépouille de tous les insignes de la royauté, afin qu'ils vous appartiennent désormais et qu'à vous seul en revienne la gloire. » Il prit ensuite quatre pièces d'or, les mit sur l'autel comme prix de sa couronne, voulant dire par là à tous les assistans qu'après Dieu il ne la devait qu'à saint Denys. Non content de faire lui-même ces actes de religion à l'égard de saint Denys, il arrêta que les rois ses successeurs renouvelleraient tous les ans cette cérémonie de consécration. Avant de partir pour une expédition militaire ou quand il devait pour quelque autre motif s'éloigner de ses états, il venait s'agenouiller au tombeau du saint et lui en demander humblement la permission, tout de même que ferait un fils respectueux à l'égard d'un père bien aimé. Il lui recommandait ainsi son royaume : « Seigneur saint « Denys, je vous demande l'autorisation de m'éloi- « gner de vous ; je vous laisse la France et vous con- « jure de la prendre en votre sainte garde et tutelle. » L'exemple de Charlemagne a été suivi de ses successeurs et aujourd'hui encore lorsque nos rois sont sur le point d'entreprendre un long voyage, ils viennent pieusement s'agenouiller sur les tombeaux des saints martyrs, charger de présents et d'offrandes les autels de saint Denys et lui confier en leur absence la garde du royaume.

Cet amour, cette vénération spéciale et traditionnelle pour notre saint avait sans doute donné lieu à cette exclamation des rois de France : *Mon jove saint Denys!* c'est à dire mon Jupiter saint Denys !... Voulant dire par ces mots : Que d'autres aient recours à leur Dieu Jupiter; pour moi, mon Jupiter c'est saint Denys. Voici l'origine qu'on assignerait à cette exclamation. Clovis avait demandé la main de Clotilde qui était chrétienne, mais cette princesse dont la fermeté de caractère égalait la beauté, n'avait voulu la lui donner qu'à la condition expresse que Clovis renoncerait à tous ses dieux et se ferait Chrétien. Clovis l'avait promis, mais l'hymen une fois achevé, il différait indéfiniment sa conversion, quand une nécessité imprévue vint, pour ainsi dire, l'obliger à se faire chrétien. C'etait la quinzième année de son règne. En guerre avec les Allemands il se vit un jour accablé par le nombre dans les plaines de Tolbiac, la déroute se met parmi les siens et il faisait de vains efforts pour l'empêcher. Dans cette position critique invoquant vainement le secours de ses dieux et se voyant abandonné, Clovis se souvint de Clotilde et de la promesse qu'il lui avait faite. Il jura à l'instant de recevoir le baptème et d'embrasser la religion chrétienne si le Dieu unique et véritable ramenait la victoire sous ses drapeaux. Fortifié et ranimé lui-même par cette courte prière, il fait de nouveau sonner la charge et pousse en avant vigoureusement les jeunes et vaillantes troupes qui formaient sa garde. Soudain ceux qui les poursuivaient reculent, les vainqueurs sont vaincus, le roi des allemands est battu et l'Allemagne est définitivement subjuguée. A la nouvelle d'une si mémorable victoire, Clotilde triomphante accourt à la rencontre de son époux victorieux, saint Remy l'accompagne. Clovis lié par son vœu se fait instruire et baptiser, c'est un adorateur de plus pour J.-C., un client pour saint Denys et désormais Jupiter et toute la cohorte des dieux sont voués au mépris, Denys l'illustre patron est invoqué en leur place. Ainsi dans toutes les occasions où l'on invoquait Jupiter, comme dans le serment ou toute autre circonstance les rois de France répétèrent cette protestation de religion: Mon jove saint Denys ! Plus tard, quand Jupiter fut entièrement tombé dans l'oubli ou le mépris, que la prononciation se fut un peu altérée, les rois et princes de France crurent que ce mot de *Jove* signifiait *Joie* plutôt que Jupiter, et faisant subir un léger changement à la troisième lettre, ils dirent *Mon Joye saint Denys !* c'est à dire : Saint Denys est ma joie. Ils expliquèrent ce petit barbarisme parce qu'il était très vraisemblable que Clovis était alors peu versé dans la langue française. Ils le laissèrent subsister par respect pour l'antiquité et pour la majesté du roi, aimant mieux lui faire cet honneur que de sacrifier servilement aux exigences de la grammaire selon laquelle il eut fallu dire pour être correct : Ma joie saint Denys ! Dès lors toutes les fois qu'une victoire importante ou un heureux événement donnait lieu aux transports d'une joie légitime, des rangs du peuple et des rangs de l'armée triomphante partait le cris mille fois répété : Mon joie saint Denys ! Mon joie saint Denys ! Attestant par là solennellement qu'après Dieu auteur de tout bien, c'est à saint Denys qu'ils étaient redevables de leur bonheur et de leurs triomphes. C'est dans ce même but que ces braves des anciens jours allaient suspendre aux voûtes de son temple les drapeaux conquis et leurs armes ensanglantées, comme s'ils l'avaient reconnu pour leur généralissime.

Nous avons vu quelle était la dévotion de Charlemagne pour saint Denys ; telle fut celle de son fils

Louis le Pieux, de son petit-fils Charles-le-Chauve et en un mot de leur postérité. En témoignage de celle de Louis-le-Pieux nous avons sa lettre à Hilduin ou après avoir énuméré les bienfaits de saint Denys pour les rois ses ancêtres et pour lui-même, il prie ce savant abbé de rechercher tous les monuments écrits, tous les livres du saint martyr et de lui en remettre un exemplaire : laissant assez entendre par là qu'il désirait chercher dans ces ouvrages un délassement dont l'âme des rois a toujours un si grand besoin. Il voulut aussi confier et recommander à la protection toute particulière du saint patron son plus jeune fils qui fut Charles-le-Chauve. Ce prince devenu roi se montra le digne élève du saint précepteur que le roi son père avait ainsi voulu lui donner. Il professa une grande dévotion pour le saint martyr, se disant heureux d'avoir reçu et conservé cet héritage paternel. Il donna une preuve éclatante de ses sentiments dans une circonstance remarquable. Les féroces Danois venaient de faire une nouvelle irruption en France; cette nouvelle plonge le roi dans une irrésolution et des inquiétudes accablantes, il voit les citoyens fuir de tous côtés et laisser Paris à la merci d'un avide et barbare vainqueur. Que fera-t-il? Il n'hésite point : entouré d'une poignée de braves, il court au monastère de Saint-Denys, implore le secours de Dieu, et là, fût-il seul à la brêche, il défendra les saintes reliques, il protégera de son épée le sanctuaire de Denys et, si l'occasion s'en présente, s'il y a opportunité de le faire, il tombera même sur l'ennemi et au péril de ses jours, au prix de son noble sang, il achètera la gloire de la foi et de la religion. C'est son projet; il l'exécute, et l'ennemi effrayé de son audace inouïe s'enfuit de tous côtés pour éviter ses coups.

Echappé à ce danger et à d'autres périls par la protection de saint Denys, Charles reconnaissant accrut les revenus du Monastère, enrichit le temple surtout par les précieuses reliques qu'il lui donna. C'étaient un clou de la vraie croix, la couronne d'épines de Notre Seigneur et un bras du saint vieillard Siméon. Après trente ans de règne, Charles se fit nommer empereur et ne jouit de son titre que deux ans environ, car il mourut empoisonné, dit-on, par son plus fidèle ami, le médecin Sédécias et fut enterré à Verceilles ville d'Italie. Il manifesta bientôt après qu'il voulait être transféré à Saint-Denys : car il apparut en songe à Archenger moine de ce monastère et à Alphonse gardien de saint Quentin de Vermand, et leur révéla ses volontés pour la translation de son corps.

Louis-le-Gros ne dégénéra point de ses ayeux sous le rapport de la dévotion à saint Denys; l'histoire en fait foi. Henri II empereur d'Allemagne avait envahi nos provinces, et la ville de Rheims était près de tomber sous ses coups. On lève des troupes à la hâte, et pendant cet enrôlement, le roi court se jeter aux pieds de saint Denys, invoque pieusement ce puissant protecteur du royaume, descend dans les caveaux des saints martyrs, en retire leurs dépouilles et les expose publiquement à la vénération des fidèles. Puis prenant l'oriflamme, (c'était l'étendard militaire que les rois de France faisaient porter devant eux lorsqu'ils allaient au combat), il court sur Rheims avec son armée.

A la nouvelle de son arrivée, à l'aspect des guerriers francs, Henri effrayé, la honte sur le front et le dépit dans l'âme, s'enfuit en toute hâte pour éviter une mort imminente. Il l'évita en effet, mais ce ne fut pas pour longtemps, car bientôt après il mourut sans laisser de postérité.

Louis au comble de ses vœux rendit des actions de grâces à Dieu et à ses martyrs dans l'église de saint Denys où il était retourné avec son armée. Il fit des offrandes magnifiques ; mais le plus beau trait de sa piété c'est que quand il fallut replacer les corps des saints dans leurs caveaux, il voulut soutenir sur ses épaules royales ce précieux fardeau, humiliant ainsi Sa Majesté pour l'honneur des martyrs de J.-C.

Mais ce serait injustice en louant la piété du roi de taire celle de sa vertueuse épouse, qui n'avait point d'égale. Dans l'élan de sa dévotion à saint Denys elle conçut et réalisa le beau projet d'établir sur le lieu de son supplice à Montmartre, une communauté de vierges pieuses et chastes qui formât comme une couronne d'innocence et de perpétuelle sainteté sur cette éminence à jamais célèbre.

Adélaïde, c'était le nom de cette reine dont la mémoire sera en éternelle bénédiction, voulant donner aux pieuses filles de Saint-Benoît un monastère à la fois commode et agréable dont elle pût elle-même au besoin faire son séjour quand sa piété l'appellerait en ces lieux si chers à sa dévotion, Adélaïde, dis-je, supplia son royal époux de proposer aux religieux qui avaient là un monastère de l'échanger pour un autre qu'on leur désignerait ; c'était un prieuré de la dépendance du monastère de Saint-Martin-des-Champs. Elle obtint sa demande, le projet fut aussitôt exécuté que conçu, et les religieux acceptèrent volontiers en échange l'abbaye appelée de Saint-Denys de la Prison. De leur côté les religieuses bénédictines gravirent avec joie leur montagne des martyrs sous la conduite d'Adélaïde désormais au comble de ses vœux. Les lettres de cet échange nous ont été conservées par Pierre-le-vénérable qui était un peu intéressé dans l'affaire. Cette permutation eut lieu l'an onze cent trente-trois de l'ère chrétienne. Lorsqu'on eut terminé toutes les constructions et réparations nécessitées par ce changement, il arriva fort à propos pour la plus grande joie du roi et de la reine, comme aussi pour la plus grande pompe de la solennité, que le pape Eugène III vint alors en France, et que sur l'invitation que lui adressa le monarque, il voulut bien faire la consécration du nouveau temple qu'on y avait bâti. Saint-Bernard abbé de Clairvaux et Pierre-le-vénérable abbé de Cluny assistèrent à l'autel le souverain pontife ; le premier fit les fonctions de diacre et le second celles de sous-diacre. La tunique en drap d'argent qui avait servi à saint Bernard fut conservée longtemps à Clairvaux comme un précieux héritage du saint abbé.

Quels ne furent pas les transports de la pieuse reine Adélaïde en voyant ses vœux et ses efforts couronnés d'un succès si prompt et si complet! La plume est impuissante à les retracer. A partir de ce jour elle visita fréquemment le monastère; elle se sentait attirée comme par un mystérieux attrait vers cette bienheureuse montagne empourprée du sang immaculé des saints martyrs. Elle ne pouvait plus en détacher ni ses yeux, ni son cœur. Le roi son auguste époux vint à mourir, et dès lors les splendeurs des palais lui devinrent à charge au prix des charmes de son couvent, elle y consacra à Dieu le temps de son veuvage; elle y mourut et y fut enterrée selon son désir.

Louis-le-Jeune marcha sur les traces de son père, et avant de partir pour son expédition de terre sainte, l'an onze-cent-quarante-sept, la seconde semaine qui suivit la Pentecôte, il vint s'agenouiller dévotement au tombeau de saint Denys, lui demandant et la permission de quitter son royaume et sa protection puissante pour son expédition. Après sa prière, il alla avec une religion profonde prendre sur l'autel l'oriflamme, drapeau sacré si vénéré des guerriers français. Il voulut jusqu'au bout suivre l'exemple de son père, et, lorsqu'on replaça les saintes reliques dans le tombeau, il demanda à porter sur ses royales épaules ce fardeau précieux.

Mais j'ai hâte de rendre pareillement justice aux sentiments pieux du roi Philippe-Auguste. Philippe était en quelque sorte l'enfant du prodige, le don de la Providence, puisqu'il avait été accordé aux ferventes prières de ses augustes parents désolés jusque là de n'avoir qu'une descendance féminine. Aussi Philippe donna dès son jeune âge des marques consolantes d'une vive piété envers Dieu et d'une profonde vénération pour saint Denys. Il en donna surtout une preuve éclatante quand son père l'eut mis à l'âge de quinze ans à la tête des affaires. L'an onze-cent-quatre-vingt-dix de J.-C., le jour de la saint Jean-Baptiste, Philippe allait partir pour la terre sainte où le poussait depuis longtemps déjà son cœur chevaleresque et chrétien. Mais avant de partir, il se rend à Saint-Denys, et là il eût fallu le voir se prosterner sur le pavé du temple, répandre devant Dieu des larmes et des prières en abondance, puis recevoir avec les sentiments de la plus vive piété le bâton et la gourde du pélerin, que lui présenta son oncle Guillaume, légat du Saint-Siége et archevêque de Rheims. Il prit aussitôt congé des bons religieux se recommandant bien à leurs prières, puis ayant reçu la bénédiction du saint clou, de la couronne d'épines, du bras de saint Siméon (c'étaient les reliques du monastère), Philippe partit en toute hâte pour son expédition. Il fit des marches forcées, et au jour de Pâques de l'année suivante il apparut comme un libérateur céleste sous les mur dé St.-Jean d'Acre. Cette ville était la plus fortifiée de toute la Palestine. Depuis longtemps déjà les chrétiens en avaient formé le siége, mais ils voyaient échouer leurs efforts contre les troupes de Saladin et la hauteur des murailles. Mais Philippe voyant qu'une brêche avait été faite, anima l'ardeur de ses braves et fit donner un si vigoureux assaut que les assiégés surpris et effrayés aimèrent mieux capituler qu'attendre une mort imminente. Les chrétiens leur dictèrent les conditions suivantes : avant tout, que Saladin rendrait aux chrétiens la vraie croix de Jésus-Christ ; que tous les chrétiens captifs seraient mis en liberté ; et que les assiégés sortiraient de la ville sans en rien emporter, pas même leurs armes.

Philippe tomba malade dans cette expédition et fut obligé de revenir en France, mais à son retour il n'eut rien de plus pressé que de venir prier à l'église de Saint-Denys. Les religieux ayant appris son arrivée allèrent à sa rencontre processionnellement et l'introduisirent dans l'église au chant des hymnes et des cantiques. Le roi se prosternant humblement devant le corps des saints martyrs leur rendit mille actions de grâces de ce qu'ils l'avaient, par leur puissante protection, arraché à tant de dangers, puis, en témoignage de son affectueuse reconnaissance, il se dépouilla de son manteau de soie et le déposa en offrande sur l'autel. Mais pour donner une preuve plus magnifique de piété à l'égard de saint Denys, il voulut ajouter au nombre déjà existant, trente religieux qui réclamassent pour lui la protection du saint, et il pourvut à leur entretien. Telle fut la dévotion singulière des rois de France envers saint Denys, encore n'ai-je point parlé de ce que fit Louis IX avant de partir pour la terre sainte. Il s'était aussi rendu à Saint-Denys, et là s'était placé non pas sur le siége des vieux moines, ni même des plus jeunes, mais sur le dernier des degrés du trône de l'abbé, d'où il avait adressé à Dieu ses prières et reçu la bénédiction du saint clou et de la couronne d'épines. Puis il était parti en terre sainte, emportant avec lui les bénédictions et les vœux de tout son peuple.

Les sentiments de dévotion particulière que ce grand roi avait montrés pendant sa vie pour saint Denys, reparurent encore à ses derniers moments. On l'entendait répéter « Grand Saint faites-nous mépriser la prospérité et fortifiez-nous contre le malheur. » Selon sa volonté formelle et expresse, il fut enterré dans cette église que sa magnificence avait ornée et enrichie.

Je crois avoir prouvé par assez de documents la piété et la dévotion des rois de France à l'égard de notre saint martyr; on me permettra de passer les autres sous silence.

CHAPITRE XXVII.

HONNEURS RENDUS A SAINT DENYS PAR PLUSIEURS SAINTS OU PERSONNAGES DE DISTINCTION.

A côté de la piété de nos rois nous allons dire un mot de celle de plusieurs autres personnages qui ont cherché à s'attirer la protection du martyr, en lui vouant un culte tout spécial, en élevant des églises ou des monastères en son nom. Au premier rang je placerai Geneviève, cette jeune vierge qui nous apparaît comme le type de l'innocence. Par amour et par dévotion pour saint Denys elle visitait souvent le quartier Catulle, et elle y fonda plus par ses prières que par ses richesses le petit oratoire où le roi Dagobert vint deux cents ans plus tard chercher un asile contre le courroux de son père. Mais comment construire un oratoire en ce lieu et à cette époque; quels en seraient les matériaux, où trouverait-on les ressources ? Je l'ai déja insinué ; Geneviève trouvait tout cela dans la prière et sa vertu suppléait aux ressources humaines par les miracles. Après la vierge gauloise montrons la veuve de Germanie, et passons de sainte Geneviève à la bienheureuse Brigitte. Neuf siècles, il est vrai, les séparent l'une de l'autre, mais leur vénération particulière et leur commune dévotion pour saint Denys les rapproche et les unit dans ce sujet et il suffit. Ses prières, ses vœux à l'autel du saint martyr étaient si assidus, si fervents et pour ainsi dire si pieusement importuns, qu'elle en obtint des prodiges, des visions célestes et des apparitions particulières pour récompense et consolation de sa piété. Ainsi pendant la guerre cruelle que se faisaient Philippe de Valois et Edouard roi d'Angleterre, elle vit saint Denys qui implorait la protection de la bonne Vierge pour le royaume de France. Un autre jour qu'elle revenait de pélerinage à Saint-Jacques de Compostelle en compagnie de son époux, il arriva que son époux tomba malade à Arras, ce qui causa à la sainte de grands chagrins, mais dont Denys la dédommagea bientôt par de grandes consolations. Il lui apparut dans ses prières, lui dit qu'il était bien ce saint venu autrefois de Rome en France pour y répandre la lumière de l'Evangile, que touché de la dévotion particulière qu'elle lui témoignait, il allait la prendre désormais en sa garde et protection, et que pour garant de sa promesse, elle pouvait compter sur la guérison prochaine de son mari. L'événement vérifia bientôt sa parole, et dans tout le cours de sa vie Brigitte fut privilégiée des apparitions de saint Denys.

Il ne faut point oublier de joindre à ces deux saintes deux autres saints personnages, saint Swibert apôtre des Frisons, et le bienheureux Notger, évêque de Liège. Le premier, ayant quitté le sol natal, c'est-à-dire l'Angleterre, et renoncé au rang que lui assuraient une naissance illustre et de nobles aïeux, avait été élevé à l'épiscopat par saint Wilfrid, Evêque des Merciens, et envoyé comme missionnaire aux Frisons et aux Germains. Il arrivait parmi ces peuplades avec le ferme dessein qu'il avait conçu depuis fort longtemps, de faire disparaître leurs vaines superstitions devant la religion du vrai Dieu, et de transformer les temples profanes de leurs fausses divinités en temples consacrés au culte du vrai Dieu, n'oubliant pas dans l'accomplissement de ce beau projet la mémoire de l'illustre martyr saint Denys, si connu dans tout l'occident et pour lequel il avait une dévotion toute particulière. Aussi en l'an de grâce 690 éleva-t-il un temple en l'honneur de ce saint martyr dans le bourg d'Hœrnaer. Le second éleva également plusieurs temples au vrai Dieu dans la ville de Liège et en dédia un en l'honneur de saint Denys; il fonda dans ce dernier une collégiale de chanoines, composée d'abord de vingt membres, et dont le nombre par la suite (au témoignage d'Anselme) s'accrût jusqu'à trente. C'est également ici le lieu de parler de sainte Edithe dont la piété ne le cédait en rien à celle de saint Wilfrid et du bienheureux Notger. Edithe était fille du roi Edgar, et sœur du saint martyr le roi Edouard. Après la mort de son père et de son frère, elle était par droit de naissance, si elle ne s'y fût constamment refusée,

Reine d'Angleterre. Mais dédaignant le trône qui l'attendait et méprisant le monde, elle se consacra tout entière aux exercices de piété, et en l'an de grâce 984 elle fit construire un temple en l'honneur de saint Denys son saint patron, déclarant elle-même par un présage certain que ce temple serait le lieu de son éternel repos. Ellefut en effet ensevelie dans ce temple qu'elle avait si souvent visité pendant sa vie, par saint Dunstan qui l'avait consacré à l'invitation de notre sainte. Quel ne fut pas l'étonnement de saint Dunstan lorsque le jour même de la consécration de ce temple il vit la vierge Edithe allonger à plusieurs reprises son pouce droit pour former sur son front le signe de la croix; aussi, rempli d'admiration saisit-il la main droite de la sainte en lui disant : que ce doigt soit à jamais préservé de la corruption! Son désir fut accompli; la corruption respecta le doigt de sainte Edithe : car, treize ans après sa mort notre sainte étant apparue au bienheureux Dunstan, et l'ayant averti de lever son corps, ajouta, comme signe de vérité, qu'à l'exception des membres dont elle avait abusé dans sa jeunesse, c'est-à-dire de ses yeux, de ses mains, et de ses pieds, on trouverait tout le reste de son corps parfaitement conservé. Puis voulant parler de son pouce elle continua ainsi : « Dunstant trouvera intact également le pouce de la main « droite, à l'aide duquel j'imprimai assidûment sur moi « le signe de la croix, et ainsi sera manifestée la clé« mence du Seigneur sur la partie de mon corps con« servée pure, et son paternel châtiment sur l'au-

« tre partie dont j'eus le malheur d'abuser ». Enfin, comme, pendant sa vie, la sainte avait travaillé de tout son pouvoir à propager le culte de saint Denys, de même, après sa mort, elle en fut en quelque sorte récompensée par ce saint martyr qui prit soin à son tour de faire bénir sa mémoire. Etant apparu à l'évêque Dunstan, saint Denys, usant d'une autorité toute céleste, lui ordonna d'exposer à la vénération des fidèles le corps saint de la vierge Edithe, et de l'entourer d'un culte tout spécial; tant il est vrai qu'il s'établit entre les saints qui reçoivent un culte et ceux qui le leur rendent une solidarité réciproque, fort avantageuse aux derniers.

La bienheureuse Edithe, cette fleur si belle de la pureté et de la piété britannique, me rappelle l'heureuse mémoire des autres rois ou princes d'Angleterre les plus zélés, les plus dévoués pour le culte de saint Denys. Je ne t'oublierai donc pas, bienheureux Edouard, Roi et Confesseur. Aussi bien ignoré-je si jamais la terre d'Angleterre put s'honorer d'un nom plus grand ou plus saint, et tout à la fois plus fameux dans le catalogue des dévots serviteurs de saint Denys. Saint roi, en dispensant vos libéralités et vos munificences envers les saints lieux et les tombeaux des saints martyrs de votre royaume, vous n'oubliâtes jamais l'illustre martyr saint Denys, quoiqu'étranger à votre nation, et, lorsque vous lui faisiez don de quelque riche et fructueuse métairie, vous lui en assuriez la possession par les lettres de donation suivantes :

« Nous, Edouard, roi d'Angleterre, jouissant, en « notre règne, d'une paix glorieuse et durable,

« Pour le salut de notre âme et de celle de nos « pères nos illustres prédécesseurs,

« Aprés en avoir délibéré et statué avec nos barons « et nos fidèles,

« Avons donné à saint Denys, dont la mémoire est « célèbre parmi nous, et dont le culte est répandu en « France,

« Une métairie, dite de Teintuna, sise au territoire « et au comté de la ville d'Oxford, avec toutes les dé- « pendances d'icelle, à savoir terres, bois, pâturages, « eaux, prairies, cultivées ou en friche.

« Et sera cette terre exempte et libre de toute re- « devance, à l'exception des frais qu'entraîneront « l'ameublement de cette métairie, ainsi que la répa- « ration du pont et de la tourelle.

« Que les violateurs de cette loi, au nom de Dieu, « par notre volonté et celle de tous les évêques (dont « les noms suivent) aient leur part avec le traître Ju- « das, avec Dathan et Abiron, dans les flammes éter- « nelles, *où le ver qui les ronge ne meurt pas, et où le « feu qui les dévore ne s'éteindra jamais,* à moins « qu'ils ne viennent à résipiscence devant Dieu et de- « vant saint Denys.

« Donné en l'an de l'incarnation de Notre Seigneur « mil cinquante-neuf, etc. »

Au bas de ces lettres de donation royale avaient souscrit d'abord le roi et la reine, ensuite deux archevêques, six évêques, cinq ducs et beaucoup d'autres.

J'omets, pour abréger, de plus amples détails, et après avoir parlé de la piété des anglais, sujet que je serai de nouveau amené à traiter plus bas, j'en reviens à la France. Le nom de saint Eloi, que j'ai jusqu'ici passé sous silence s'offre à moi, et son talent qu'il fit servir à la gloire de saint Denys lui mérite une mention toute particulière. Eloi, qui fut incontestablement le plus célèbre orfèvre de son siècle, déploya toutes les ressources intellectuelles et physiques de son art dans un ouvrage consacré en l'honneur de saint Denys; partant nous lui devons un tribut tout spécial d'éloges; aussi bien fut-ce par l'intervention de saint Denys auprès de Dieu que l'évêché de Noyon lui fut confié dans la suite comme par inspiration divine: Dieu, cédant aux prières de saint Denys, voulut peut-être le récompenser ainsi. Éloi éleva effectivement un superbe mausolée recouvert d'une toiture incrustée d'or et de pierres précieuses à saint Denys, patron de la France et le sien. Cependant, quelque considérables qu'eussent été la libéralité et la munificence prodiguées par le roi Dagobert pour ce travail, quelqu'élevé que fut le prix de l'or et des pierreries employés pour cette merveille, on ne sut lequel des deux on devait admirer le plus, de tant de richesses et de magnificence dépensées dans ce monument, ou du talent et de l'industrie de l'ouvrier! « Car (pour « emprunter les paroles de saint Ouen) Éloi, secondé

« par les largesses du roi, déploya tant d'habileté et « d'art dans ce travail, y manifesta tellement son gé- « nie et son talent, que cette merveille est presque la « seule dans son genre dont s'honore la France, et « qu'elle attire sur elle l'admiration universelle jus- « qu'à ce jour. »

Qu'il me soit permis de terminer le catalogue de ces saints qui se montrèrent si zélés pour la gloire et l'honneur de saint Denys, ou qui lui dédièrent des temples, par le nom glorieux de saint Ignace, fondateur inspiré de la société de Jésus. Ce grand saint étudiant à Paris et s'y livrant, en compagnie de plusieurs collègues, à la méditation des choses divines, conçut enfin en l'an de grâce 1534 le pieux dessein de jeter les premiers fondements d'une vie plus parfaite, et partant de tracer l'origine de la future société. Pour mettre à exécution ce projet, il ne crut pas pouvoir choisir un lieu plus favorable ou plus saint qu'un lieu voisin de Paris, Montmartre, c'est-à-dire le monticule arrosé du sang précieux de saint Denys et de ses compagnons, trouvant là des souvenirs chers à leur piété et des encouragements puissants pour accomplir les vœux qu'ils formeraient dans l'intérêt de la gloire divine et du salut de leurs frères. Voici un exposé sommaire de ces vœux.

Premièrement : renoncer aux plaisirs et vanités du siècle et embrasser une chasteté inviolable et perpétuelle.

Secondement : hors le temps destiné pour quelques

uns à l'achèvement de leurs études, et pour tous au pélerinage en terre sainte, les religieux devaient continuellement s'occuper de marcher dans l'âpre sentier de la pauvreté sur les traces du divin Maître ; et il leur était expressément défendu de recevoir le moindre salaire pour la célébration de la sainte messe, et cela sous quelque prétexte que ce fut.

De plus, ils devaient se rendre en terre sainte pour la conversion des habitants de ces contrées, ou au moins, ils étaient tenus d'aller se jeter aux pieds du Souverain Pontife et de se consacrer entièrement entre ses mains au salut des âmes, s'offrant à lui comme des instruments sans valeur pour être employés selon son bon plaisir.

Ces vœux devaient se renouveler tous les deux ans dans les mêmes termes, au même lieu et à la même époque. Comment douter qu'alors l'illustre apôtre des Gaules, le docteur des nations, le célèbre pélerin oriental que le zèle pour le salut des âmes avait poussé aux extrémités de l'occident, à la vue de cette couronne de saints religieux s'inspirant au lieu même de son martyre de ses charitables projets, pour aller au bout du monde éclairer leurs frères infidèles, comment douter, encore une fois, qu'il n'ait obtenu pour eux par ses puissantes prières, cette efficace de force et d'amour que nous admirons dans les enfants d'Ignace, et qui était si nécessaire à l'accomplissement de leur vaste et difficile entreprise.

A cette pléiade auguste de saints, ajoutons quelques

noms illustres. N'oublions pas la pieuse mère du roi Robert, ni Henri III, roi d'Angleterre, prince que sa piété a pareillement rendu célèbre. Helgaud de St.-Flour, rappelant tous les monastères qu'Adélaïde avait fait construire, fait les réflexions suivantes : « Après « Dieu, ce fut saint Denys son plus grand ami : elle « avait fait en son honneur une chasuble admirable, « d'un travail bien supérieur encore à celle dont « Charles-le-Chauve lui avait également fait don. « Cette pieuse reine comptait avoir un jour sa récom- « pense en compagnie et par la protection de son « puissant ami, à qui Dieu avait promis d'assister tous « ceux qu'il protégerait. C'est pourquoi dans ce tra- « vail admirable elle avait eu soin de se placer avec « toute sa famille sous le haut patronage du saint « martyr. » Citons maintenant le passage de Guillaume de Nangis sur Henri III, roi d'Angleterre.

« L'an de Jésus-Christ 1259, Henri, roi d'Angle- « terre, vint en France, et saint Louis lui fit dans sa « capitale une digne réception. A son arrivée, le mo- « narque anglais voulut rendre ses hommages à saint « Denys; il vint en grande dévotion à son église, y « séjourna pendant plus d'un mois, et à son départ il « fit don au monastère d'une chappe d'or et d'un ca- « lice d'un poids extraordinaire. »

Philippe II, roi d'Espagne, ne fut pas moins généreux envers saint Denys. Heureux d'avoir enfin obtenu du roi de France le corps de saint Eugène, premier évêque de Tolède, disciple autrefois de Denys l'aréopagite et envoyé par lui pour évangéliser l'Espagne; ce roi puissant, dis-je, tout joyeux d'avoir obtenu une si précieuse relique, voulut en témoigner sa reconnaissance à saint Denys en faisant don à son église d'une lampe d'argent, qui était, et par sa grandeur et par l'art avec lequel elle était travaillée, une véritable merveille en son genre. Après avoir ainsi traité sommairement ce sujet, j'ai hâte d'en venir aux miracles d'un ordre supérieur produits par saint Denys.

CHAPITRE XXVIII.

MIRACLES OPÉRÉS PAR SAINT DENYS APRÈS SA MORT SUR DIVERSES PERSONNES ET EN DIVERSES CIRCONSTANCES.

Je ne puis ici rechercher ni raconter tous les miracles que Denys fit après sa mort : ce serait m'imposer une tâche trop ennuyeuse et trop difficile : je me contenterai donc d'exposer tout simplement les principaux que je réduirai à un très-petit nombre. En premier lieu nous devons placer le miracle que fit notre saint pour l'immense avantage de l'Église, sur la personne du pape Étienne III. Pour acquérir une plus ferme conviction du fait que nous allons rapporter, on peut lire les lettres d'Étienne lui-même : elles sont dans toutes les bibliothèques. Voici le fait. Attaqué injustement par Astolphe, roi des Lombards, après avoir vainement demandé du secours à l'empereur de Constantinople, Étienne prit le parti de se rendre à la Cour de France afin d'y solliciter de Pépin le secours dont il avait un si pressant besoin. Le roi Pépin le reçut avec une bonté et des égards incroyables, lui fit donner une digne hospitalité au couvent de Saint-Denys, et lui promit qu'au printemps il irait avec son armée joindre Astolphe et rendrait bientôt la paix à l'Italie, à l'église et à son auguste Chef. Sur ces entrefaites, Étienne accablé par les fatigues d'un si long voyage, et aussi par les soucis d'une position difficile, tomba dans une maladie si grave qu'en peu de temps l'on désespéra de ses jours. Le pieux Pontife cependant eut toujours confiance en Dieu et dans ses saints. Un jour qu'il faisait dans l'église ses dévotions accoutumées, saint Pierre et saint Paul lui apparurent et avec eux saint Denys, patron de l'église. Denys avait la démarche noble et gracieuse, le visage souriant. Son front vénérable était couronné d'une magnifique chevelure blanche, son corps était revêtu d'une longue tunique blanche retenue par une agrafe de couleur pourpre; et sur ses épaules flottait un manteau d'écarlate parsemé d'étoiles d'or. Un instant les saints parurent entamer un petit colloque plein d'une aimable gaîté après lequel ils décernèrent à Denys l'honneur de guérir le malade. Le saint martyr, entouré du prêtre et du diacre qui jusque là s'étaient tenus à l'écart, s'avança tenant d'une main la palme et de l'autre l'encensoir, salua le Pontife et lui dit: « La paix de Dieu soit avec vous, « mon frère, ne craignez point: vous ne mourrez « point que vous ne soyez rétabli heureusement sur « votre siége. Levez-vous: car vous êtes guéri. Con« sacrez à Dieu et à ses saints Pierre et Paul, que « vous voyez ici présents, cet autel où vous célébrerez « le saint sacrifice en action de grâces. » L'église où se passa ce prodige était, au témoignage d'Étienne, inondée d'une lumière éblouissante, et remplie de parfums d'une suavité inexprimable.

Le Pontife recouvra donc subitement la santé, et comme il se disposait à accomplir les ordres de saint Denys en consacrant l'autel indiqué, tous ceux qui connaissaient son état de la veille, s'imaginaient qu'il était dans le délire. Étienne raconta lui-même à Pépin et aux grands de sa cour comment les choses s'étaient passées, et force fut bien alors de croire au prodige dont on voyait les effets si palpables. Il consacra donc l'autel désigné, puis déposa dessus le Pallium et les clefs de Saint-Pierre comme pour servir de témoignage et d'éternel souvenir des merveilles dont il avait été l'objet. C'était alors la 754e année de l'ère chrétienne et la 3e du pontificat d'Étienne. On dit que ce Pape emporta à Rome des reliques de saint Denys, en l'honneur duquel il commença la construction d'un monastère au patrimoine de sa famille. La mort l'ayant surpris dans ce pieux travail, Paul son frère et son successeur le continua et en fit la dédicace, après y avoir assemblé comme dans un cimetière tout spécial les corps de plusieurs saints martyrs. En l'honneur de saint Denys l'Aréopagite, il voulut confier ce monastère aux Grecs ses compatriotes, et appela l'établissement du titre : *des Saints-Martyrs de l'école grecque*.

Après ce saint Pontife si miraculeusement guéri, de quelle autre guérison allons-nous encore parler ?

C'est bien ici votre place, ô illustre prince Berthold, qui avez édifié l'Angleterre par votre éminente piété; vous qui, sur un lit de douleur en face de la mort, quand tous les médecins désespéraient de vous sauver, avez toujours eu une confiance inaltérable dans la protection de saint Denys et de ses compagnons. L'histoire ne rapporte-t-elle pas en effet que dans cette maladie cruelle, ayant appris que la France possédait les corps des saints martyrs, vous fîtes au plus tôt, avec la permission préalable de Charlemagne votre ami, le long pélerinage d'Angleterre en France, et qu'après peu de jours passés au tombeau du Saint, vous fûtes parfaitement rétabli. Et que dit encore l'histoire sur votre piété ? peut-elle parler de votre reconnaissance; en a-t-on quelque marque? — Eh! oui, assurément; j'en atteste ce monument sacré que vous fîtes élever en son honneur dans votre riche métairie; j'en atteste encore ce domaine même de vos ancêtres, héritage sacré dont vous gratifiâtes si généreusement les moines de saint Denys: villa, prés, champs, eaux et forêts, ports maritimes avec leurs salines, tout fut donné avec le plus grand élan de cœur: « n'est-il pas juste, disiez-vous, que je choisisse pour mes héritiers ceux qui m'ont rendu la vie? » Heureux siècle! m'écrierai-je, qui a vu plusieurs fois de pareils exemples! Heureux temps, où les saints de Dieu avaient de semblables serviteurs et où la reconnaissance des hommes cherchait à égaler la bienfaisance divine !

Sans sortir ni de ce siècle, ni de cette île jadis si saintement célèbre, je pourrais encore citer d'illustres bienfaiteurs de saint Denys : Offa roi des Merciens, et les deux frères Agonavala et Sigrinus. Ces derniers avaient une propriété dans le voisinage de Londres; ils la cédèrent de leur propre mouvement aux moines de Saint-Denys : Offa qui y avait aussi quelques droits y renonça complétement dans l'intérêt du monastère et y ajouta d'autres dons. Singulier et humiliant contraste ! Autrefois la dévotion et la générosité à l'égard des saints faisaient que pour eux on oubliait ses proches, aujourd'hui au contraire, par l'effet d'une prudence et d'une amitié mal entendue, tout est pour les proches, rien pour les saints : les amitiés de la terre ont fait oublier celles du Ciel. Mais laissons ces tristes vérités et revenons aux miracles de notre Saint.

Flodoard rapporte le fait suivant, à la date du IXe siècle. Une pauvre femme, qu'il nomme Gillaude, s'étant laissé prendre le bras dans un moulin, avait eu la main affreusement déchirée. Cette pieuse femme court aussitôt à Rheims (on avait transporté les reliques de saint Denys dans cette ville, afin de les soustraire aux profanations des païens qui ravageaient le pays), se jette toute tremblante aux pieds du saint Patron, le conjure le jour et la nuit de venir à son aide, et pendant son sommeil Denys lui apparait et lui révèle le secret d'une prompte guérison. L'historien Rigord rapporte, lui aussi, plusieurs autres prodiges, dont deux arrivés en l'année 1193, et deux autres encore dans l'année suivante. Voici les deux premiers. Un petit enfant venait de mourir et avait été déposé le jour de la Saint-Denys dans l'Eglise de ce nom; ses parents extrêmement affligés de cette perte, versaient des larmes en abondance et suppliaient le grand saint de les secourir dans une si extrême affliction. Leur prière n'était pas terminée que l'enfant revenait à la vie. Le même prodige se renouvela peu après dans une occasion semblable. L'année suivante, un enfant noyé revint à la vie, et un prisonnier vit tomber ses fers, à l'invocation de saint Denys.

Ce n'est pas seulement pour récompenser ses dévots serviteurs que saint Denys fit des miracles ; il en fit encore un grand nombre pour punir les profanateurs de son tombeau. Deux de ces sacrilèges furent punis de mort, l'un dans l'acte même de la profanation, l'autre dans le cours de la même année. Ce sont des faits assez notoires: le premier de ces malheureux était un des seigneurs du roi Sigebert. Lorsque ce prince irrité mettait Paris à feu et à sang, le seigneur dont nous parlons, cédant à un sordide instinct de cupidité et non pas de piété, était entré dans l'église de Saint-Denys pour enlever une chappe de soie toute chargée d'or et de pierres précieuses. Il est parvenu à l'enlever; le voilà content. Maintenant il faut se rembarquer avec le jeune enfant commis à sa garde et auquel il avait remis deux cents pièces d'or, fruit de ses spoliations; mais tout-à-coup, cet enfant si cher, si précieux, tombe dans l'eau avec le trésor et rien ne reparut. Sa chûte n'avait été produite ni par la tempête, ni par aucun choc malheureux : elle était inexplicable. Frappé de cette double perte, aussi surprenante que regrettable, le coupable descendit à terre afin de reporter au tombeau de saint Denys ce qu'il en avait enlevé ; mais la mort qui a comme pris à tâche de punir les profanateurs des choses saintes ne se laissa pas même fléchir pour une année et le frappa à quelque temps de là. Un autre, poussé par le même instinct de cupidité, avait eu l'audace de monter sur la petite tour qui couronnait le tombeau, afin de décrocher avec son épée une colombe d'or qui était suspendue entre la voûte et le monument ; mais soudain ses pieds s'écartent, il tombe et sa lance lui ouvre le côté dans la chûte : il voulait de l'or et le saint lui donna un affreux trépas. Dieu permet de temps en temps qu'il arrive de ces châtiments, justes autant qu'épouvantables, afin que l'on comprenne ces avertissements qu'il donna autrefois par la bouche de son prophète : « L'or est une source de ruine spirituelle pour plusieurs ; son éclat donne la mort. » C'est-à-dire plusieurs sont tombés par cupidité, par la soif de l'or, et sa beauté les a perdus.

CHAPITRE XXIX.

RELIQUES DE SAINT DENYS. LEUR PRODIGIEUSE VERTU. LEUR VALEUR.

La France a toujours possédé et possède encore de nos jours le corps de saint Denys. Ce serait un mensonge d'affirmer que cette relique n'existe pas, ou qu'elle a été transportée ailleurs, ou qu'elle n'a jamais été dans notre pays. Elle fut, comme nous l'avons dit, transférée à Rheims, à l'époque des invasions normandes, mais elle revint en son lieu primitif avec les temps de tranquillité. Il est vrai aussi que Charlemagne voulut en être accompagné dans ses campagnes militaires, mais la victoire la ramena dans son église. C'était au temps de la guerre contre les Saxons. L'empereur sachant à quel puissant ennemi il allait avoir à faire, et de son coup d'œil toujours sûr mesurant et saisissant à l'avance tous les dangers de la lutte, s'imagina de doubler la force de ses braves en s'assurant du concours des saints et, à cet effet, il ordonna qu'on mettrait en campagne les corps de saint Denys et ses compagnons portés par des membres choisis dans le clergé régulier. Fardulphe, abbé de Saint-Denys, conseiller intime du roi et son compagnon inséparable dans les expéditions militaires, homme plein de sagesse, de prudence et de zèle pour la foi, eut mission de par le roi de choisir des clercs en grand nombre pour porter durant l'expédition le précieux fardeau sur leurs épaules. Il y eut deux batailles générales. La seconde fut décisive et la victoire vint se ranger sous les drapeaux de Charlemagne. Plein de reconnaissance envers Dieu, ce grand monarque mit tout en œuvre pour faire tourner cette expédition au plus grand bien de la religion. Tel fut toujours le but dernier des vrais princes chrétiens. Il voulut que les Saxons embrassassent notre sainte religion et en fit transporter et disséminer quelques milliers dans l'étendue de son royaume, afin de leur inculquer les principes catholiques et les former aux mœurs publiques. Après cette glorieuse campagne, comme Dieu ne manque pas d'élever ses serviteurs en proportion du zèle qu'ils ont pour sa gloire, Charles, de roi qu'il était devint empereur, non pas qu'il cessât d'être roi, il fut tout à la fois roi et empereur. Son règne glorieux dura quarante ans et ne fut troublé ni par la maladie, ni par aucune adversité. Il avait été quatorze ans empereur. La fièvre, seule maladie qui l'ait frappé, vint mettre fin à son bonheur, ou plutôt vint le rendre doublement heureux, en l'enlevant à cette vie périssable pour l'introduire dans la patrie immortelle. Cette mort arriva en l'an 815, le cinquième jour des calendes de février, jour où dans quelques églises on fête solennellement sa mémoire. Pour en revenir à notre sujet, c'est donc dans ces conjonctures que Charlemagne fit sortir les saintes reliques du monastère qui porte leur nom, et que par leur vertu insigne, il remporta une éclatante victoire. Mais cette circonstance ne se renouvela point, à moins qu'on n'aime mieux en croire des fables que l'histoire véritable. Jamais les corps des saints martyrs ne furent transférés plus loin qu'à Paris, capitale du royaume, et jamais ailleurs pour y séjourner ou pour y devenir la propriété de quelqu'un.

La vertu des précieuses reliques n'agissait pas seulement pour rendre la santé aux malades, la victoire au drapeau, mais elles étaient pour les empires mêmes un gage de prospérité et de grandeur. C'est le témoignage qu'en rendit solennellement l'ambassadeur de Charles-le-Simple devant le roi des Saxons et toute sa cour. Il lui présentait, en gage de fidélité et d'amitié, la main de saint Denys enfermée dans une petite boîte d'or couverte de pierres précieuses. « Grand prince, « lui disait-il, recevez ce gage de l'éternelle alliance « et amitié que vous offre le roi mon maître. Il a voulu « vous donner une partie des reliques qui ont été la « consolation dernière des Français, lorsque le saint « martyr Vitus, transporté de Gaule en Saxe, nous « abandonna aux troubles pour vous apporter une « paix éternelle. Depuis le départ de ces puissantes « reliques, jamais la guerre civile ou étrangère n'a « cessé de désoler notre pays. Car l'année même où

« nous les perdîmes, les Danois et les Normands firent « invasion dans notre patrie. » L'ambassadeur voulait par là faire entendre au roi que les reliques de saint Denys comme celles de saint Vitus allaient être pour la Saxe une source de prospérités. Aussi quelle ne fut pas l'allégresse du roi en recevant ce précieux trésor. Voici comme Witichind que nous venons de citer en rend témoignage. « Le roi reçut ce présent sacré en rendant mille remerciements à son auguste allié, puis se prosterna devant la sainte relique, la baisa pieusement et la vénéra avec la religion la plus profonde. » Dieu voulut sans doute donner la récompense due à la piété du roi Henri, car à partir de ce moment leur prospérité toujours entravée par les irruptions des Hongrois commença de renaître et devint extrêmement florissante par la soumission des peuples voisins : Slaves, Bohémiens, Dalmates, que Henri rendit ses tributaires.

Tant est grande la vertu des saintes reliques, tant le culte qu'on leur rend peut avoir d'heureuse influence même pour les empires ! Plut à Dieu que cette vérité eut été comprise du roi Clovis II ! l'infortuné ! il y eût tout gagné et pour la fermeté de son esprit et pour le bonheur de son royaume. Mais dès qu'il eut avec trop peu de religion touché et coupé le bras du saint, alors le vertige s'empara de sa personne, et la noble nationdes Francs vit de jour en jour décroître sa vieille gloire. Le malheureux roi eut beau remplacer le bras enlevé par un autre formé d'or et de pierres précieuses, il eut beau faire des largesses immenses au monastère pour expier sa faute et recouvrer la force primitive de son esprit, il donna jusqu'au dernier moment des signes de folie. Terrible leçon pour les rois: puissent-ils apprendre par là avec quel respect, avec quelle sainte frayeur il faut s'approcher des choses sacrées! Puissent-ils comprendre que même avec une certaine piété, dont Clovis n'était peut-être pas entièrement dépourvu, on ne peut jamais aller à la légère couper ou arracher les ossements des saints. Rien d'étonnant, à mon avis, qu'il y ait dans le corps d'un martyr une vertu si prodigieuse quand les voiles et les lambeaux de soie qui les recouvrent paralysent la puissance des démons et détruisent leurs perfides enchantements. C'est en effet ce qui arriva en l'an 1050, lorsqu'on découvrit le corps de saint Denys et qu'on l'exposa à la vénération publique. L'un des abbés qui s'étaient rendus à la solennité avait recueilli une partie du vieux voile qui entourait la relique (un nouveau voile d'un prix infini avait été donné par Henri Ier, roi de France), et il l'avait emporté dans son monastère. Il arriva qu'un payen se trouva étrangement obsédé du démon. L'abbé, sans hésiter, le toucha avec le voile et à l'instant le démon, tout cruel et tout opiniâtre qu'il fût, s'enfuit au plus vite. Le payen délivré demanda le baptême et se fit chrétien.

Cette religion, cette dévotion particulière pour les reliques de saint Denys ne fut pas le partage exclusif des rois de France et de quelques illustres personnages, ce fut également celle du peuple. On ne croyait pas qu'un homme pût jamais porter l'impiété et l'impudeur jusqu'à mentir ou faire un faux serment sur le tombeau de Monseigneur St. Denys. Aussi quand on craignait que quelque grand coupable ne niât la vérité des accusations devant les juges, on l'amenait au tombeau du grand Patron, et là, soit par l'action de la conscience réveillée, soit par la crainte des châtiments que le saint ne manquerait pas d'infliger au mensonge sacrilège, on obtenait presque toujours la vérité. C'est ainsi que Dieu honore ses saints; c'est ainsi qu'il épouvante efficacement les profanateurs par des supplices qui ne se font pas attendre. Dans tout ce qui précède nous avons développé les actions de saint Denys; disons maintenant un mot de ses écrits.

CHAPITRE XXX.

CATALOGUE DES OUVRAGES DE SAINT DENYS.

Après l'Ecriture sainte, les livres de théologie les plus estimés du sentiment commun des docteurs et des ascétiques, sont les ouvrages de Denys l'aréopagite. Les philosophes et les théologiens se sont étudiés à en faire de dignes éloges. Aujourd'hui encore, grâce à Dieu, nous possédons les principaux de ces ouvrages ; une faible partie a subi l'outrage des temps et ne nous est point parvenue.

Ceux qui nous restent sont :

La Céleste hiérarchie;
Les Noms divins;
La Hiérarchie ecclésiastique;
La Théologie mystique.

Ses épîtres :

A Caius;
A Sopatre ;
A Démophile;
A Saint Jean l'Evangéliste ;
A Dorothée ;
A Tite ;

A Apollophane;

A Polycarpe.

Celui qui le premier a réuni la collection de ces ouvrages, soit, comme on l'a prétendu, Ambroise le Camaldule, ou Jacques Lefebvre d'Etaples, ou tout autre enfin, a mis fort à propos ce titre en tête de la collection: *Théologie vivifiante, nourriture solide.* — C'était bien apprécier ces excellents livres: ils contiennent véritablement une théologie vivifiante, solide nourriture de l'esprit, et rien que cela.

Les autres ouvrages de Denys étaient: *La Théologie symbolique, — le Livre de l'Ame, — les Hymnes divins, — les Informations théologiques, — le Livre du Juste et Divin jugement, — de l'objet de la perception interne et de la perception externe.* — Pour notre malheur, ces livres sont perdus. Celui qui avait fait la collection des autres, en nous donnant la classification de ceux-ci, met en tête cette épigraphe qui exprime si bien et la grandeur de cette perte et la légitimité de nos regrets: « Trésor infiniment précieux, ou perdu à jamais, ou caché jusqu'à ce jour. » Ce qui est indubitable, c'est que Denys a assurément composé ces ouvrages, puisque dans ceux qui nous restent nous voyons qu'il en fait mention. Dieu dans sa bonté a permis que les livres de Saint Denys que nous avons encore, fussent l'occasion de plusieurs insignes miracles. L'an 824 environ de l'ère chrétienne Michel Balbus empereur d'Orient avait envoyé des ambassadeurs à Louis le Pieux, empereur d'Occident, roi des

Français : or, le jour même ou le diacre Théodore, trésorier de l'église de Constantinople et l'un des ambassadeurs, eut apporté ces livres au monastère de Saint Denys (c'était la veille de sa fête), il s'opéra dix-neuf guérisons miraculeuses sur des personnes très-connues et qui ne demeuraient pas bien loin du monastère. Deux siècles plus tard a peu près sous le règne d'Othon le Grand, arriva un autre prodige que je vais laisser raconter au prêtre Odilon dans sa vie de St.-Maïeul abbé de Cluny.

« Un jour, dit-il, Saint Maïeul se trouvait au monas-
« tère de Saint Denys, et pendant la nuit, à son ordi-
« naire, il lisait le livre de ce grand philosophe où il
« traite si divinement de la hiérarchie céleste. Mais
« voici qu'un sommeil pesant l'accable, il s'endort : et
« pendant son sommeil, le cierge qu'il tenait à la main
« tombe sur le précieux volume. O prodige ! Le feu
« a bien conservé son effet naturel : il consume la
« cire, brûle la mèche comme auparavant, mais il
« respecte les pages du saint livre. » Ce sont les propres paroles de Saint Odilon.

TABLE.

FIN DE LA TABLE.

Arras, typ. Schoutheer, rue des Trois-Visages, 53.

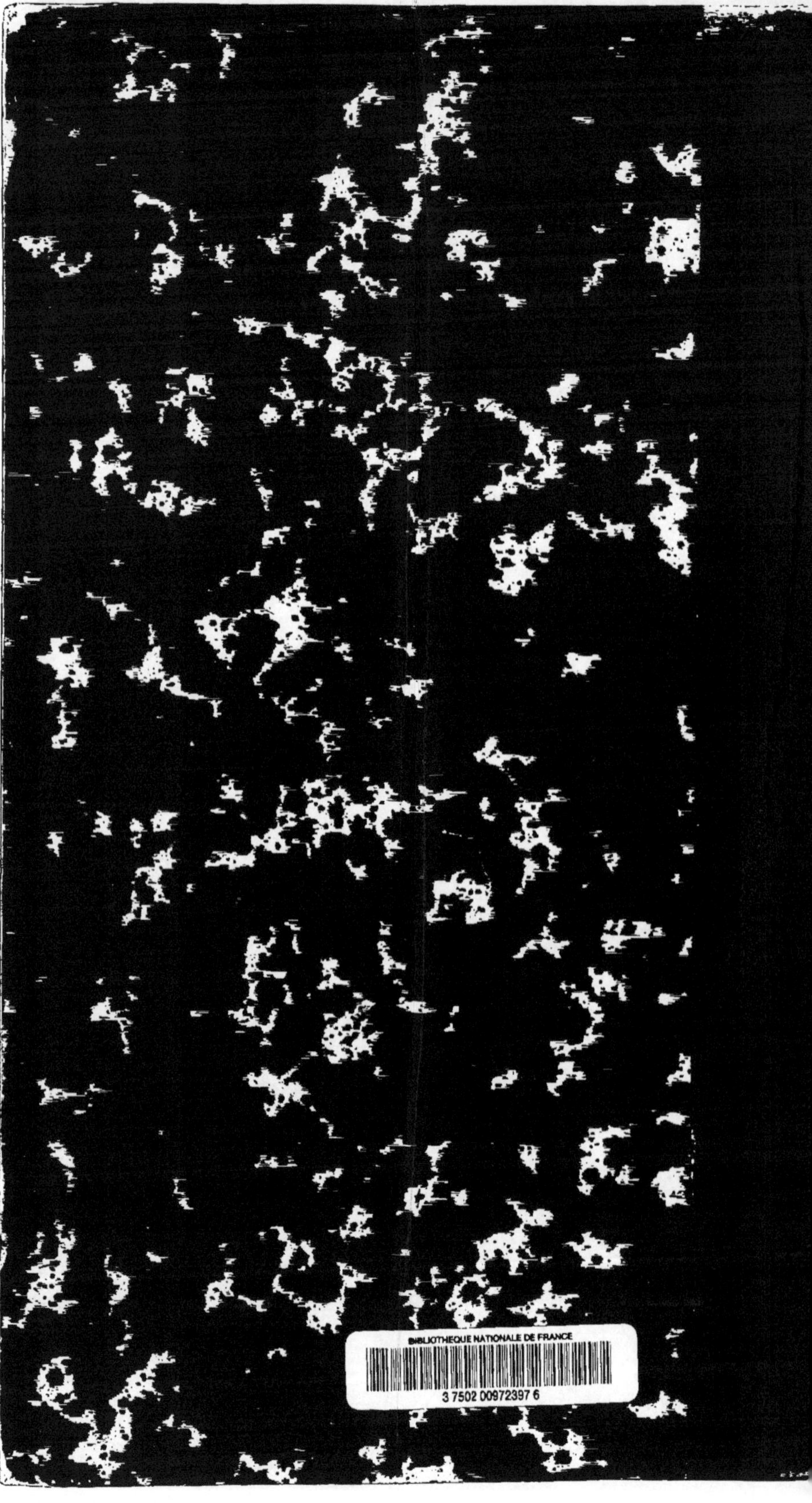

www.ingramcontent.com/pod-product-compliance
Ingram Content Group UK Ltd.
Pitfield, Milton Keynes, MK11 3LW, UK
UKHW020105200726
13856UKWH00002B/394